靖国を問う

遺児集団参拝と強制合祀

松岡勲

航思社

靖国を問う　遺児集団参拝と強制合祀　目次

第Ⅱ部　靖国強制合祀と戦争体験の継承

靖国を問う　遺児集団参拝と強制合祀

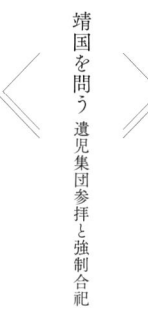

第Ⅰ部　戦争遺児の靖国集団参拝

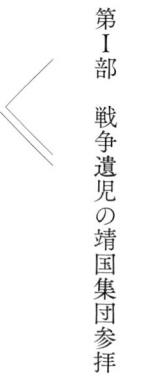

第1章

一九五〇年代の靖国神社遺児参拝

「靖国文集」の再発見

二〇一一年一一月三〇日、最高裁は「靖国合祀取消訴訟」の上告を棄却し、大阪高裁での不当判決を確定させた。私は最高裁の上告棄却に強い怒りを覚え、霊爾簿から父の名前を抹消してほしいというごく当たり前の要求がなぜ認められなかったのかと思った（これについては本書第Ⅱ部第1章で詳しく言及した）。

高裁結審の直前の二〇一〇年六月、私の中学三年時（一九五八年）の靖国神社遺児参拝文集『靖国の父を訪ねて　第一二集』（財団法人大阪府遺族会、一九五九年）が本棚に埋もれているのを再発見した。そこには私の文章があり、「もう一度行こう靖国へ」と題されていた。それは靖国神社本殿での宮司の言葉を記録していた。「この靖国神社は、お国のためになくなられたあなた方のお父さんや、お兄さんの英霊がお祀りしてあります。此国がある限り、あなた方のお父さんの名は後々まで残るでありましょう。今日も大きくなられた人々が〝お父さん、こんなに大きくなりました〟と報告に来られています。皆さんも、もう一度やって来て下さい」と。それを受けて、「私はなんとなく父は立派な死に方をしたんだなあと思った」と書いている。「そうではないか、現在色々な人が馬鹿な死に方をしている。それと違って父の名は後の世まで、この本殿と共に残るではないか」と。「これが当時の私の認識だったのか?」と愕然とした。以下がその全文である。

もう一度行こう靖国へ

茨木市二ノ丸町一四九四
養精中学三年　松岡勲

靖国神社の本殿での宮司さんの言葉は、今でもはっきり覚えている。「この靖国神社は、お国のためになくなられたあなた方のお父さんや、お兄さんの英霊がお祀りしてあります。此国がある限り、あなた方のお父さんの名は後々まで残るでありましょう。今日も大きくなられた人々が〝お父さん、こんなに大きくなりました。〟と報告に来られています。皆さんも、もう一度やって来て下さい。」と澄みきった声が本殿一っぱいに広がった。私はなんとなく父は立派な死に方をしたんだなあと思った。そうではないか、現在色々な人が馬鹿な死に方をしている。それと違って父の名は後世まで、この本殿と共に残るではないか。しかし母は、父が戦死しても再婚もせずに僕を育ててくれた。それには計りしれない苦労があったろう。「お父さん、僕はもっと〳〵勉強し、そして強くなるよ。社会に出ても今日のことは忘れず、立派な社会人になり、母と一緒にもう一度ここへやって来るから待っていて下さい。」と、父に固く誓って本殿を去った。

八月一日午後一時過ぎ、多数の方々に迎えられて無事天王寺駅に到着した。その中には母の顔も見える。あちらこちらで「よかった〳〵。」と親子の喜びの声がする。その声の中を市の方々と泳ぐようにして外に出た。しばらく行くと、僕達と同じ年頃の男の子が、この暑い中で靴をみがいている。そうだ、僕には母もいる、父も見守っていてくれる。もっと〳〵強くなり、鍛え、みがき、立派な社会人となり、母を連れて再び靖国神社を訪ねよう。君達もガンバレと気持を新たにしてその場を去った。

今、社頭に立って父と無言の対面をして、その事が一層深く感じられました。「私はただ一生懸命勉強します。もう私も一人前の大人ですので、行動の善悪位ははっきり見極める事が出来ます。御安心下さい。お父さん！どうぞお母さんをお守り下さい」と、ただ一心に拝みました。父との約束を立派に守り、父を泣かすような事のないよう頑張りたいと思います。平素は慣れてしまって、母一人の苦労も知らず、有難みも忘れがちの私でしたが、無言の対面こそより良い教訓を与えてくれました。父のありし日の遺徳をしのび、母への報恩が父への何よりのはなむけとなるでしょう。この一日こそ私の一生涯を通じてのよい思い出となることでしょう。

もう一度行こう靖国へ

茨木市二ノ丸町一四九四
養精中学三年　松岡　勲

靖国神社の本殿での宮司さんの言葉は、今でもはっきり覚えている。「この靖国神社は、お国のためになくなられたあなた方のお父さんや、お兄さんの英霊がお祀りしてあります。此国がある限り、あなた方のお父さんの名は後々まで残るでありましょう。今日も大きくなられた人々が〝お父さん、こんなに大きくなりました。〟と報告に来られています。皆さんも、もう一度やって来て下さい。」と澄みきった声が本殿一っぱいに広がった。私はなんとなく父は立派な死に方をしたんだなあと思った。そうではないか、現在色々な人が馬鹿な死に方をしている。それと違って父の名は後の世まで、この本殿と共に残るではないか。しかし母は、父が戦死しても再婚もせずに僕を育ててくれた。それには計りしれない苦労があったろう。「お父さん、僕はもっと〳〵勉強し、そして強くなるよ。社会に出ても今日のことは忘れず、立派な社会人になり、母と一緒にもう一度ここへやって来るから待っていて下さい。」と、父に固く誓って本殿を去った。

八月一日午後一時過ぎ、多数の方々に迎えられて無事天王寺駅に到着した。その中には母の顔も見える。あちらこちらで「よかった〳〵。」と親子の喜びの声がする。その声の中を市の方々と泳ぐようにして外に出た。しばらく行くと、僕達と同じ年頃の男の子が、この暑い中で靴をみがいている。そうだ、僕には母もいる、父も見守っていてくれる。もっと〳〵強くなり、鍛え、みがき、立派な社会人となり、母を連れて再び靖国神社を訪ねよう。君達もガンバレと気持を新たにしてその場を去った。

無言で初対面

茨木市[redacted]
西中学三年　[redacted]

大阪府の遺児を代表して、靖国神社に参拝させてもらったことを非常に光栄に思った。七月二十九日午後五時、列車は天王寺の駅を静かにはなれ、一路東京へ〳〵と進んだ。東京へ近づくにつれて、まだ知らぬ父の顔を瞼の裏に思い浮べて見たりした。

七月三十日に、僕達の第一の目的である靖国神社に参拝した。昇

— 283 —

『靖国の父を訪ねて 第12集』から（一部画像を加工）

1958年、著者が靖国に集団参拝したときの班の集合写真（著者は最後列右端）

戦死した父の「死の意味づけ」を求める子どもの気持ちを、このように戦後も靖国神社は利用し続けてきたのだと思った。戦死した父や兄が「英霊」として祀られ、その死の意味づけを遺児たちは教えられ、もし戦争となれば、遺児たちもまた次の戦争に動員される。そういった「靖国」の役割を靖国神社遺児参拝と靖国文集に見た。帰阪したときのことを書いた箇所で、天王寺公園で靴みがきをする少年を見て、「君たちもガンバレ」と呼びかける私の「上から目線」には「いやな奴」と思った。当時の私は戦後版の「少国民」だった。

靖国文集の再発見をきっかけに、国や自治体、遺族会が戦死者への意味づけを遺児たちにどのように与えようとしたのかを知るために、私は一九五〇年代の靖国神社遺児参拝の実像を調べ始めた。調査を開始した時点で参考にした文献は、一ノ瀬俊也『故郷はなぜ兵士を殺したか』（角川選書、二〇一〇年）である。戦後の靖国神社遺児参拝については現時点でもこれ以外に文献はない。

大阪府の遺児参拝

私が大阪府の遺児参拝を調べるために訪れたのは、大阪府公文書館、大阪府立図書館（中央、中之島）・大阪市立図書館・岸和田市立図書館等の図書館、および遊就館靖国偕行文庫であった。大阪府公文書館で見つかった公文書は学事課関係の「遺児靖国参拝について」で、五二年、五五年、五六年のみしかなかった。五二年に「（サンフランシスコ）講和（条約）発効記念事業の一つとして」遺児参拝が始まっていた。テレビのドキュメンタリー番組で見るアメリカの公文書館の徹底的な文書保存と比べて、日本の公文書館の文書保存はなんと貧弱であるかと驚いた。その後、国立公文書館で遺児参拝への国の関与についての公文書を調べたが、文書は見つからなかった。また文書が廃棄されたのか、文書そのものがなかったのかも分からなかった。日本の公文書館の文書管理に問題があると感じた。

この文書と各図書館に分散している靖国文集、遺児参拝を報道した当時の新聞記事、大阪府公文書館所蔵の知事室広報課撮影の写真等を総合すると、遺児参拝はこの後五九年の第一四回まで続いた。五七年までは春秋年二回の参拝が行われ、私の参加した第一三回の遺児参拝が五八年夏の一回で、この年から年一回に変わったことが分かる（表Ⅰ）。

各年の参拝の参加人数の合計は、初年度五二年の約五四〇名から始まり、五六年には一〇〇〇名に増大し、年一回の参拝になった五八年には一度に一〇〇〇名近くも参加していた。私の場合、父の靖国神社合祀が五七年で、遺児参拝は五八年だった。

所要経費の負担は、初年度の場合、「一人宛参拝諸経費の補助として二千円（その範囲において実施する）」、「全額府において負担」となっている。地方公務員の当時の月額初任給は六五〇〇円だから、大変大きな予算規模だったと思われる。[*1] 実施要領は「（遺族）連盟の委託事業として運営に関しては連盟に委嘱する」となっている。また、参拝する遺児は

＊1　なお、これとは別に、五三年七月から全国の戦死者遺族を対象に、靖国参拝のために国鉄（現ＪＲ）乗車券の五割引の制度が始まっていた。割引分の運賃は国で負担した（詳しくは第Ⅰ部第5章で述べる）。

表1　靖国神社遺児参拝表（大阪）

実施年月日		参加者数	掲載文集
第1回	1952年5月10～13日	250	
第2回	10月25～28日	289	第1集（1953.1.30）
第3回	1953年5月4～7日	369	第2集（1953.9.25）
第4回	10月3～6日	372	第3集（1954.3.25）
第5回	1954年　不明	498	
第6回	11月6～9日	493	第5集（1955.3.20）
第7回	1955年6月7～10日	499	第6集（1955.11.30）
第8回	11月11～14日	526	
第9回	1956年6月16～19日	500	
第10回	11月6～9日	500	第9集（1957.3.25）
第11回	1957年6月10～13日	479	第10集（1957.10.30）
第12回	11月5～8日	500	
第13回	1958年7月29日～8月1日	975	第12集（1959.3.20）
第14回	1959年7月2～5日	不明	

＊第4集については、桑島玄二『もの言わざれば』（編集工房ノア、1984年）に作文の引用、紹介がある。

「靖国神社合祀済者の遺児に限る」「各支部長の推せんするものとする」となっており、期間中は「修学旅行に準じた取扱いをする」（大阪教育長通知）とし、出席扱いであった。また遺児参拝は大阪府遺族連盟（後の大阪府遺族会）への委託事業だったが、大阪府民生部世話課が実務を担当した。靖国文集の編集は大阪府遺族会の幹事（枚方市支部長）の田中興哉氏が担当し、毎回編集後記を書き、感想文を全て読んでいたことが分かる。

当時の新聞報道

当時、遺児参拝がどのように報道されたかを調べた。当時の新聞（大阪版）が保存されているのは、大阪府立中之島図書館に「朝日新聞」「毎日新聞」（どちらもマイクロフィルム）、「大阪日日新聞」（本紙）、大阪府立中央図書館に「産経新聞」（マイクロフィルム）、大阪市立図書館に（「朝日新聞」「毎日新聞」「産経新聞」の他に）「読売新聞」（マイクロフィルム）があった。検索結果、次のような記事があった。

〈靖国神社遺児参拝（大阪）新聞記事〉

・朝日新聞
「きょう上京　遺児代表」五二年五月一〇日（遺児参拝初年度初回）
「遺児代表東上」五二年五月一一日
「〝元気で行ってきます〟喜びにみち靖国の遺児上京」五二年一〇月二六日

・毎日新聞

「知事さんらに送られて　靖国参拝の遺児たち出発」五二年五月一一日
「けさ会える　靖国の父　遺児二八九名上京」五二年一〇月二六日
「胸に亡き父の写真　靖国遺児二八九名参拝」五二年一〇月二七日
「遺児五百名上京　靖国神社参拝へ」五四年一一月七日

・産経新聞
「靖国の対面へ遺児二五〇名　知事見送り　府の独立記念行事」五二年五月一一日
「〝靖国の遺児〟出発」五二年一〇月二六日
「遺児五百人が靖国神社参拝」五七年一一月二日

・読売新聞
「きょう出発　靖国神社参拝府下遺児代表」五三年五月四日
「〝靖国の父〟と対面に　五〇〇名の遺児出発」五五年六月八日
「靖国の遺児ら上京」五六年一一月七日

・大阪日日新聞
「激励受けて出発　靖国の遺児らけさ上京」五三年五月五日

新聞検索して分かったことだが、五二年の五月と一〇月の報道は、遺児参拝の初年度であり、各紙とも取り上げていたが、それ以降の報道は少なくなっている。日本遺族会が靖国神社の国家護持法案に精力的に取り組むのは、六九年になってからのことだが、日本国憲法施行からそう遠くない時期にもかかわらず、遺児参拝を「政教分離原則違反」であるとした報道が全く見当たらない。以下、五二年の第一回参拝の新聞報道を見てみる。

きょう夕方上京　遺児代表

［朝日大阪版、五二年五月一〇日］

靖国神社に参拝する府下の遺児代表二百五十名は十日午後五時十分大阪駅発の列車で上京する。三泊四日の予定で十一日は靖国神社参拝、都内を遊覧バスで見学、十二日は国会議事堂見学、皇居を拝観して十三日午前十時五十五分大阪駅解散。経費いっさいは府が負担するほか看護婦、連盟役員、府吏員十三名が付添い、また期間中学校は欠席としないよう府教委から各学校長に指示されている。

靖国の対面へ遺児二五〇名　知事も見送り、府の独立記念行事

［産経大阪版、五二年五月一一日］

小雨そぼふる十日午後二十二分大阪駅発東京行列車で東淀川区豊里菅原町二二宮下

義治君（一六）はじめ府下二百五十名の戦争遺児たちが赤間知事、西田府会議長らの見送りのうちに九段の森に眠る亡き父に晴れて対面出来る喜びを胸にふくらませながら上京した。

これは府の講和発効記念行事の一つで一行は十一日午前靖国神社で昇殿参拝したのち、同日午後は都内見物、十二日は国会見学、厚生大臣に面会したのち宮城を拝観、同夜離京十三日午前十時五十五分大阪着列車で帰阪する。

遺児参拝の写真

知事室広報課撮影の遺児参拝の写真が大阪府公文書館に所蔵されていた。以下はそのリストである（これ以外に撮影年不明の写真が二種類あった）。

靖国の遺児上京壮行会　五六年月一六日
大阪遺児靖国参拝　五七年一一月五日
靖国の遺児上京壮行会　五八年
靖国の遺児上京出発　五八年

遺児参拝の出発に向けて天王寺公園での壮行会（1958年、大阪府公文書館所蔵）

大阪駅での見送り（1958年、大阪府公文書館所蔵）

靖国の遺児上京壮行会　五九年七月二日

そのうち私が参加した五八年の写真には、天王寺公園での壮行会、大阪駅での見送り等があった。また、文集には私のアルバムにも残っている靖国神社前の集合写真が載っている。当時、天王寺公園の大阪市立美術館南での出発前の集会は立錐の余地がなかったことを覚えている。写真リスト中の五九年のものが、最終の参拝かどうかの確認はできないが、公文書・新聞記事・文集もふくめて検証できた最後の参拝である。

その後集めた各県の「靖国文集」を見ても、遺児参拝は六〇年前後に参拝が一巡して、終わったと言える。

靖国文集『靖国の父を訪ねて』

五〇年代の遺児参拝の記録はいずれの県も靖国文集として残っている。そのうち確認できたものは、北海道、岩手県、福島県、茨城県、富山県、大阪府、広島県、鳥取県、島根県、長崎県である。どの文集も『靖国の父を訪ねて』という同一のタイトルであり、全国的に同一歩調で遺児参拝が行われたことが分かる（後に見つけた富山県の文集のみ『のびゆく遺児たち』のタイトルである）。遺児参拝自体もいずれも大阪府同様、五二年に始まり、六〇年前後に一巡して終わっている。

大阪府の靖国文集は、第一回の五二年春の参拝については作成されていないが、同年秋の参拝から作成されている。これが第一集になり、この号は集番号はついていない。現在、公文書館、図書館、資料館等で確認できる文集は、第一集（五二年秋実施）、第二集（五三年春実施）、第三集（五三年秋実施）、第五集（五四年秋実施）、第六集（五五年春実施）、第九集（五六年秋実施）、第一〇集（五七年春実施）、第一二集（五八年実施）である。最後の年となったと推測される五九年は文集が作成されたかどうか不明である。なお「第四集」については、桑島玄二『もの言わざれば』（編集工房ノア、一九八四年）に作文の引用、紹介がある。

私が参加した五八年の第一三回参拝を記録した「靖国文集」（第一二集）は、参加者九七五人のうち八二五人が感想文を書いている。行きも帰りも夜行列車の三泊四日の旅で、靖国神社参拝は二日目の朝、旅館で少し休憩をして、午前八時に靖国神社の境内に入り、遺児たちは靖国神社の深閑とした雰囲気に飲みこまれる。そして、本殿に昇殿して、祝詞の声が響き、玉串を捧げる神事等が続く。神官から「さあ、あなた方たちのお父様と無言の対面です。心おきなく存分にお話しください」と促され、柏手が打ち鳴らされる。遺児たちの感想文を読むと、本殿の大鏡を覗いて、「お父様の顔が映っているようで」「知らぬ父の顔が現れて来たような気がした」などの表現が散見される。そして、「この靖国神社は、お国のために亡くなられたあなた方のお父さんやお兄さんの英霊がお祀りしてあります。此の国がある限り、あなた方のお父さんの名は後々まで残るでありましょう」と宮司の話が続く。父のいない悲しさと寂しさをずっと抱えこんできた子どもたちは、戦死した父の死の意味づけをこのようにして聞かされていた。

一方、「靖国文集」は戦争の記憶が鮮明だった時代を反映し、母が再婚して祖父母に育てられている子ども、今はちがう父と暮らしている子ども、満州で父が戦死した子ども、フィリピンのレイテ島で父が戦死した子どもたち等、彼らの戦後の生活が写し取られている。また、感想文には「せめて一日でもいいから帰って来てほしい」「ひょっこり帰って下さればどんなに嬉しい事だろうと思う」という心情から、「靖国神社では、ほんとうに父を祀っているところではなく、父の名前を祀っているところだと思う」という冷静な目、そして、後で述べる遺児参拝を痛烈に批判した大阪市内の女子生徒の文章まで掲載されていた。五〇年代は非戦の社会意識がまだ強く存在し、その時代相を反映した自由度だったのかもしれない。

先にも述べたように大阪府の遺児参拝は、年二回の参拝、年一回の参拝時のいずれも参加者総数は最大一〇〇〇名にのぼる大人数だった。これだけ多数の集団行動なので、細かな意識注入はできなかったと思われる。それとは対照的なのが茨城県の場合だ。同志社大学図書館と東京の昭和館で靖国文集の茨城県分を調べた。

茨城県の五二年の遺児参拝を記録した「靖国文集」によると、東京に近いという地理的条件から、一泊二日の参拝を実に年に七回も行い、一年間に七六〇名を参加させていた。なかでも特徴的なことは一日目の夜、宿舎で二時間をかけて全員の座談会を行い、「父の死の意義」について、「父が国民の身替わりになった事実」を理解させようとしていた。その後、五七年は年一〇回にわたり一九八二名、五八年は九回にわたり一九三〇名もの多くが参加していたが、宿舎での座談会は続いており、相当精力的に意識注入が行われたと感じられた。

国家の嘘を見破った少女

分厚い遺児参拝文集『靖国の父を訪ねて 第一二集』を読み進めるうちに一人の少女の文章を見つけた。それは河上孝子さんの文章だった。[*2]

冒頭、靖国神社参拝前日の区役所での区長の激励の辞に対して、彼女は根源的な批判を書く。

犠牲は美しい行為である。しかしそこに意志が伽いて初めて美しいと言えるのであって、犠牲の気持無くして死んでいった者に、結果からみて犠牲の名で呼ぶのはかえって侮辱になりはしないか。父は召集令状、赤紙一枚によって操り人形と化され、別れたくもない親、妻子、知人との別離を命ぜられ、且つ犠牲の美名のもとに死をも命ぜられたのだ。私は靖国参拝を喜ばしい事とも、目出たい事とも思わぬ。こうした日を与えられた私を不幸と悲しむ。

また、参拝当日の靖国神社本殿での神主の話に対しても、決して動揺することなく、父の死が英霊として意味づけられることを拒絶していた。

「もう沢山」と叫びたいのを押えながら、すゝり泣きの聞える中を、私は終りまで神主さんの顔を凝視してやめなかった。「寒い凍れるような雪の中、夏は太陽の下で国の為めに雄々しく戦い死んでいかれたあなた方のお父さま」。何と白々しい意志を持たぬ言葉だ。この飾りたてられた言葉が、幾千人の遺族に向って語られたことか。おそらく神主さんの頭の中にその文章は暗記され、明確に覚えこまれていること丶思う。明日も明後日も、遺族に向って語られるだろう。私はそんな安っぽい話など聞きたくない。私にとって父の死は、もっと〳〵と厳粛な、そして寂しさと恐しさを持って存在するのだ。私の体の二分の一は父によって形造られたのだ。神主さんの話にすゝり上げた人達は、話の何処に心ひかれたのか、私には理解し難い。本殿を下りながら、初めて私は悲しい気持になったのだった。このような反問の連続と、もろ〳〵の感情を私に与えて靖国神社参拝は終った。

この文章を読んだとき、六〇年も前に中学三年でこれだけの文章を書いた人がいたことに何よりも驚いた。この「靖国文集」に八二五人が感想文を書いているが、彼女の文章は同世代の文章群のなかで飛び抜けて鋭い視点で書かれている。それと比べれば、私の文章なん

＊2　河上孝子さんについては、田中伸尚『いま、「靖国」を問う意味』（岩波ブックレット、二〇一五年）で実名で触れられている。この田中さんの本が出た後、田中さんのもとに親族から連絡はなく、また私も河上孝子さんの同窓生に所在を問い合わせたが、親族に連絡が取れなかった。そのため親族の了解なしで記名表記する。

かは主催した行政や遺族会の期待に応えるものだった。当時の同世代の私たちと違い、彼女はなぜこのような文章が書けたのだろうか、彼女はどんな人だったのだろうか、当時の彼女の思いはどのようなものだったのだろうか、どのような家族と暮らしていたのだろうか、その後、彼女はどのような人生を歩んできたのだろうかと、疑問が大きくなってきた。ぜひ彼女に会って、話を聞いてみたいという気持ちが強くなってきた。私のなかで彼女への憧憬が日ごとに大きくなっていった。こうした気持ちに動かされて、私の「幻の少女」探しが始まった。

幻の少女を探す

彼女の手がかりは出身中学校が「大阪市立夕陽丘中学校」で、今の時代には考えられないことだが（現在では個人情報保護を理由に住所等は表記されていないのが普通である）、当時の文集には作者の住所表示があった。彼女の住所は「天王寺区堂ヶ芝町三四」だった。しかし、現在の町名は同じ堂ヶ芝町でも「一丁目」「二丁目」になっており、旧番地のままではない。それで、大阪府立中之島図書館に当時の「住宅地図」があることを知り、その「昭和三五年版」「昭和四一年版」などを調べた。地図には「堂ヶ芝町三四」の表示の箇所があったが、「河上」の名前がなかった。

そこで、桃谷近辺を調べることにした。彼女の住んでいた場所は「住宅地図」では環状線桃谷駅のすぐ前あたりのようだった。半日彼女の消息を訪ね歩いたが、桃谷界隈はビルディングが立ち並び、五〇年代頃とはまったく様変わりしていて、彼女が住んでいた場所は見つからなかった。

困り果てて、彼女が卒業した大阪市立夕陽丘中学校を藁をもつかむ思いで訪ねた。中学校では教頭が懇切に対応してくれ、「夕陽丘中学校同窓会」につないでもらった。同窓会会長の紹介で、やがて彼女と同期の同窓会（五九年三月卒業、第一〇期）幹事と会員に連絡がつくことになり、大変親身になって、相談にのってもらった。

同窓会の幹事に同窓会名簿に当たってもらったが、「平成一六年の同窓会名簿」で彼女は「逝去」とあり、それ以前に亡くなっていることが分かった。私が靖国神社合祀取消訴訟に参加する前にすでに彼女は亡くなっていた。そのことを知って大変落胆した。その後、同期のMさんと連絡がついた。Mさんの話では、夕陽丘中学校卒業後の十数年後に第一回の同期会を行ったが、その時にすでに「逝去」との引き継ぎがあったとのことだったので、彼女は二〇歳代後半までに亡くなっていたのだろうと想像できた。しかし、いつ頃どのように亡くなったのか、つきとめることができなかった。Mさんからは貴重な「卒業記念ア

ルバム　第一〇期　大阪市立夕陽丘中学校」をお借りすることができ、彼女の写真を確認することができた。さらに「靖国文集」（第一二集）に載っている彼女の写真も確認できた。

Mさんとお話ししたなかで分かったのは、彼女の住んでいた場所は「ひさや」という旅館だったことだ。当時の「住宅地図」の「堂ヶ芝町三四」に旅館が確認できた。彼女についてのMさんの記憶は「とてもしっかりしていたが、どこか暗く、友達との関係はうすかった」とのことだった。同窓会の元幹事も、「先生にもはっきり意見を言うしっかりした子で、私なんか足下にも及ばなかった」と語り、私にはどこか孤高な姿が思い浮かんだ。なお、当時の夕陽丘中学校は市内有数の有名校で、「越境校」だった。当時の生徒は近鉄沿線の奈良、八尾方面から越境通学していたそうで、一学年七〇〇名もの生徒数で、現在天王寺区に住む同期の同窓生数は一〇〇人程度しかいないと、同窓会元幹事は語った。環状線を挟んで、その内側に夕陽丘中学校校区の高級住宅地、外側に在日韓国・朝鮮人の集住地があるという社会環境を背景に彼女は育ったのであろうと想像した。

彼女には弟がいた。河野Sさんで、彼女と同学年だが、姓がちがっていた。事情は分からないが、そこには戦後の複雑な社会事情が垣間見られる。その後、同窓会の情報をもとに近鉄奈良線の新大宮まで弟を訪ねてみた。しかし、七年ほど前に奈良市内に転居し、転

河上孝子さんの所属した班の集合写真。河上さんは最後列左から２人目
（『靖国の父を訪ねて 第12集』）

居先は不明だった。また、Mさんから借りた卒業アルバムで河上さんの弟の写真が分かった。Mさんの話では、「僕は『わる』だった」けれども、弟は「『大変まじめ』だった」とのことだ。弟には大変親しい友人がいたが、三年前に亡くなった。「彼がいたら〔弟の〕所在はすぐ分かったであろうに」「もう三年早かったらな！」と話した。

このようにして河上孝子さんは二〇歳代後半までに亡くなっていたことが分かった。彼女の弟に会い、彼女がどのようにして亡くなったのか、彼女のこと、彼女の家族の歴史のこと、また彼女がなぜあのような根源的な文章を書くことができたのか知りたかったのだが、その後も残念ながら弟は見つからない。

第2章 京都市・京都府の靖国遺児集団参拝

続いて私の居住地に近い京都市および京都府下（宇治市・舞鶴市）の靖国遺児集団参拝の事例について調べた。一九五二年のサンフランシスコ講和条約発効後、占領体制のなかで抑制されていた戦争遺児の靖国神社集団参拝が全国的に公然と行われるようになったのは先に見たとおりである。私が京都市の遺児参拝の事例を調べてみたいと思ったのは、大阪府の遺児参拝の対象が「中学三年生」であったのに対し、京都市は「小学六年生」であったからだ。「なぜまた年端もいかない小学六年生の集団参拝がなされたのか」という疑問が浮かんだ。

前段が京都市の遺児集団参拝、後段が京都府の宇治市・舞鶴市等四市連合の遺児集団参拝についての調査結果である。

1　京都市における靖国神社遺児参拝

『戦後五〇周年記念誌』（京都市遺族会連合会）

京都市役所に出向き、五〇年代の靖国神社遺児参拝の資料を探した。戦死者遺族関係の担当課である地域福祉課は京都市遺族会連合会の事務局も担当したので、『戦後五〇周年記念誌』（京都市遺族会連合会、奥付はないが一九九五年頃のものと思われる）を所蔵しており、京都市で遺児参拝事業があったことが分かった。遺児参拝は、五二年より実施され、五六年まで記載されていた（その後の調査で五七年まで行われていたことが分かった）。

〈一九五二年〉

第一回京都市代表遺児靖国神社参拝

日　時　一〇月二四～二七日

参加者　京都市内小学六年生、八〇八名

〈一九五三年〉

第二回京都市代表遺児靖国神社参拝

日　時　九月二〇～二三日（第一団）

一〇月二五～二八日（第二団）

（新聞記事）九月二五日出発であったが、台風一三号襲来で延期。

参加者　京都市内小学六年生、一一一四名

〈一九五四年〉

第三回京都市代表遺児靖国神社参拝、ならびに東京都内見学

第一団

日　時　九月一六～一九日

参加者　五一三名

第二団

日　時　九月一九～二二日

参加者　五八二名

〈一九五五年〉

遺児靖国神社参拝並びに東京都内見学

日　時　八月九～一二日

参加者　一〇〇八名

〈一九五六年〉

遺児靖国神社参拝

日　時　八月九～一二日

参加者　五四二名

〈一九五七年〉

（事業実績の資料散逸）

（新聞記事）八月一〇日の帰京予定の時間が遅れるという記事、また、京都市事務報告書に実施の記述があり、この年までは実施されていたと考えらる。

新聞記事に掲載された遺児参拝

朝日新聞京都版と京都新聞のマイクロフィルムが京都府立図書館にあり、検索した。その記事の見出しは以下の通りである。

一九五二年

「こんどはお友達からも／靖国参拝の遺児に愛のはなむけ」京都（一〇・二四）

「双子児二組も加って／遺児八百名、廿四日に靖国へ」朝日（一〇・二二）

「きょう社頭対面／遺児、靖国へ出発」朝日（一〇・二五）

一九五三年

「あす靖国神社参拝遺児の壮行会」京都（九・二一）

「靖国遺児の歓送会／右京・きょう川岡校庭で」京都（九・二五）

「〝元気で靖国へ〟台風の街に運転手の美学」京都（九・二七）

一九五四年

「靖国へ〝遺児〟ならぬ〝遺児〟／〝辞退したが無理に〟／帰洛前に関係者大あわて」京都（九・二二）

一九五七年
「帰る汽車が予定より遅れる／靖国参拝遺児団」朝日（八・一〇）

京都市事務報告書で確認できた遺児参拝

年度末の市議会に報告される京都市事務報告書が残っており、遺児参拝が京都市の事業であったことが分かった。また、事業があったはずの一九五二年、五三年の記述はなく、一九五四～五七年までの遺児参拝の記述（「遺児靖国神社参拝並びに東京都内名所見学」）があった。一九五七年の参加者人数が少なく、小学生以外に中学生も含まれていたこと、また、翌年以降に遺児参拝の記述がないので、遺児参拝は一九五七年で終了したものと思われる。京都市遺族会連合会の『戦後五〇周年記念誌』とあわせて見ると、最後の二年間を除き、毎年一〇〇〇名規模の遺児参拝であったことに驚いた（表2）。

一九五四年　参加遺児数　一〇三六人（小学六年生）
一九五五年　参加遺児数　一〇〇八人
一九五六年　参加遺児数　五四二人

一九五七年　参加遺児数　一一一人（小学生六九人、中学生四二人）

また京都市の遺児参拝には、「靖国の遺児東京へ」と題されたいわゆるニュース映画（「京都ニュース」№3、一九五六年夏）がデジタル化され、フィルムとともに保管されている。京都市歴史資料館で見ることができる。

京都市の遺児参拝経験者

元京都市学校歴史博物館の和崎光太郎さんの紹介で、五三年に遺児参拝をしたUさんに電話取材をした。

表２　1950年代の京都市の靖国神社遺児参拝表

実施年月日	参加者数	記録媒体
1952年10月24～27日	808（小学６年）	戦後50周年記念誌
1953年９月20～23日 10月25～28日	計 1114（小学６年）	戦後50周年記念誌
1954年９月16～19日 ９月19～22日	513 582 1036（小学６年）	戦後50周年記念誌 京都市事務報告書
1955年８月９～12日	1008 〃	戦後50周年記念誌 京都市事務報告書
1956年８月９～12日	542 〃	戦後50周年記念誌 京都市事務報告書
1957年　日付不明	111（小学生69、中学生42）	京都市事務報告書

＊1954年については『戦後50周年記念誌』の合計は1095人で「京都市事務報告書」記載の人数と合致しない。

Uさんは一九四二年二月生まれ。父親は満州で戦死していた。五三年、淳風小学校六年だったUさんは、春日小学校に集合し、京都駅から上京の予定だったが、台風一三号襲来で参拝は一度延期になり、後日実施された。

二回目の集合場所は京都市駅だったと覚えていると話す。直前に学校で壮行会があり、校長の挨拶の後に、遺児の五～六人が答辞を述べた。参拝参加は京都市の子どものみだった。参拝の感想文は書かなかった。Uさんの話では、当時遺族会か京都市から「最後の参拝」であると連絡があったとのことだった。しかし、その後も参拝は続いた。

また、小学校で壮行会が行われ、当時の話を靖国合祀取消訴訟の元原告の吉田文枝さんに聞いた。吉田さんはUさんと同じ淳風小学校の同期だったが、参拝の一団には加わっていない。Uさんの記憶はないとのことだったが、「送られる側」「送る側」にいたことになる。

吉田さんは、参拝する遺児を「選ばれた人」と感じたそうだ。私には見えていなかった視点だ。遺児参拝に「選別」の働きがあったのかをもう一度問うてみなければならないと思った。

以前、大阪府遺族連合会に問い合わせた際に電話に出た事務局のKさんが、京都市で行われた遺児参拝経験者だった。五二年か五三年の参拝と思われる。また、当時の小学校での遺児参拝者の壮行会に参加した人がほかにもいた。靖国合祀取消訴訟高裁結審後の集会で、私が「靖国文集」の話をした際、傍聴者のなかから「小学校の時、その参拝で友だちが東京に行くのをうらやましく感じました。それで、父がシベリア抑留からの帰還者であったので、父に『なぜシベリアから帰ってきたのか?』と今から考えると大変ひどいことを言った記憶があります」という発言があった。

その後、京都府遺族会事務局長のNさんとお会いした。Nさんは遺児参拝の経験者で、四三年四月の生まれで、私と同学年だった。五五年、京都市桂小学校六年時に、夜行列車で一泊、翌朝に靖国神社参拝、こんな静かなところで父が祀られているのかと感じ、涙を流したと話していた。後は皇居など都内観光、その日は東京泊、夜行列車で一泊、帰京という行程だった。感想文を書いた記憶があるが、文集をもらった記憶はないとのことだった。

『戦後を生き抜いた妻たちの証言』『のびゆく遺児たち』

京都市の遺児参拝を調べる過程でひとつの知見を得た。最初、京都市の参拝が小学六年生であることを奇異に感じていたが、必ずしも異例ではないのではないかと思い直した。他県にも例があったからだった。

調査のなかで『戦後を生き抜いた妻たちの証言・婦人部戦争体験談集――京都市遺族会連合会婦人部結成五〇周年記念誌』（京都市遺族会連合会婦人部、二〇〇九年）に出あった。京都市遺族会連合会婦人部の結成五〇周年を記念して作られた冊子だった。その編集者の元京都新聞記者の早内高士さんに連絡をつけたところ、早内さんは父親が硫黄島で亡くなっており、小学六年時（一九五四年）の島根県の遺児参拝体験者だった。また、『日本遺族会十五年史』（一九六二年）で富山県の遺児参拝文集『のびゆく遺児たち』（一九五四年）があることを知り、入手した。富山県の場合、小学六年生が参拝の中心であったが、五三年の参拝は中学生・高校生も多く参加しており、驚いた。翻って戦前の遺児参拝が「銃後の少国民育成」を狙いとして対象が国民学校五、六年生であったことを考えると、私の経験（中学三年生）は前提にならないのではないか、もしかしてそれは戦後的状況の反映かもしれないと思った。

2　宇治市、舞鶴市における靖国神社遺児参拝

五〇年代の京都市の靖国神社遺児参拝について述べてきたが、その調査の過程で五八年

以降に宇治市・舞鶴市・綾部市・福知山市の四市連合で靖国神社遺児参拝を行っていたことを知った。それで宇治市、舞鶴市の遺児参拝について調査に赴いた。

宇治市の場合

宇治市での五〇年代の靖国神社遺児参拝関係の資料を探したが、宇治市の広報紙「宇治市政だより」と「京都新聞」山城版しか資料は残っていなかった。特に「宇治市政だより」は五一年一二月の創刊号より現在までアーカイブで見ることができ、大変便利でだった。京都新聞社文化センターではマイクロフィルムの検索ができた。

宇治市の靖国神社遺児参拝は、他地域と同様に五二年から始まっている。五二年度には一一月と五三年三月の二回行われた。参拝は「府遺児靖国神社参拝旅行」となっている。京都市の遺児参拝調査の折に、京都府総合資料館で京都府の遺児参拝事業も調べたが、文献は見つからなかった。なお、関連して、『日本遺族会十五年史』の都道府県支部概況編の「京都府」の項には、「靖国神社の集団参拝、特に小学六年在学の遺児を市町村の補助金により二十六年から三十二年まで京都市を合わせ約八千名を集団参拝させた」とある。明らかになった五〇年代の宇治市の遺児参拝は次の通りである（表3）。

「遺児代表35人　靖国神社参拝」(「市政だより」第一二号、五二・一一・一)

市遺族会では本年も市内各校から遺児代表三十五人(六年男女児該当者全員)を引率、三日に東上して靖国神社秋の大祭に代表参拝する。

「遺児五八人、靖国へ」(「京都新聞」山城版、五三・三・一)

宇治市の地事管内の遺児たちのうち新中生のみ五十八人は各市町村遺族会長、民生主任の引率で府遺児靖国神社参拝旅行に参加、四日午後六時京都発列車で東上、六日同社に参拝して晴れの対面を終えた後午前五時京都着列車で帰郷する。なお同参拝費用は全額各町村が負担している。

表3　宇治市の靖国神社遺児参拝表

実施年月日	参加者数	記録媒体
1952年11月3日～	35(小学6年)	「市政だより」12号(1952.11.1)
1953年3月4～7日 6月14～17日	58(新中生) 89(小学6年、中学3年)	「京都新聞」山城版(1953.3.1) 「市政だより」20号(1953.6.1)
1954年6月9～12日	55 (舞鶴・福知山・綾部と4市連合)	〃 36号(1954.7.1) ※4市連合の参拝は53～56年まで行われた
1955年6月20～23日	38	〃 46号(1955.7.10)
1956年6月25～28日	41	〃 57号(1956.6.10)

「六月十四日出発で靖国神社参拝　宇治市遺児八十九人」（「市政だより」第二〇号、五三・六・一）

府下四市連合による今年靖国神社へ遺族、遺児の参拝は六月十四日出発と決定、宇治市では中学の三年、小学校の六年の学童が市、学校側、遺族会長引率のもとに遺児〔…〕八十九人が東上、社頭でまぶたの対面をすることになった。（第二二号に遺児の作文、六年生一〇人）

「靖国の遺児ら東上参拝」（同第三六号、五四・七・一）

さる六月九日宇治市の英霊の遺児五十五名は、舞鶴、福知山、綾部の遺児らとともに東上、靖国神社参拝、都内見学等の日程を無事すませて、十二日帰宇した。

「こんなに大きくと遺児靖国の父に報告」（同第四六号、五五・七・一〇）

宇治市の遺児三十八人はさる二十日池本市長、金井遺族会長等の激励をうけて東上、靖国神社に参拝してまぶたの父に生長を報告して全員無事二十三日帰宇した。（第四七号に東上遺児の作文集、小学生八人）

「靖国へ遺児参拝」（同第五七号、五六・六・一〇）

宇治市内遺児四十一名は、市及び遺族会関係附添のもとに今年も来る二十五日夜出発東上し、靖国神社参拝、二十八日帰宇する。（第五九号に子どもの作文・靖国神社参拝、六年生一名）

遺児参拝四市連合事業の経過

遺児参拝四市連合事業は五三年から始まっている。「京都新聞」山城版の記事によると「府遺族会のあっせんによる〝府遺児代表靖国神社参拝〟から離脱、府下四市独自の立場から実施することに決定した〝四市遺児靖国神社参拝〟」とあるように何らかの理由で四市は京都府の靖国神社遺児参拝から脱退し、独自行動を取ったものと思われる。四市連合遺児参拝は後で見る舞鶴市の場合と重ねると五六年まで続いたと考えられる。

「遺族援護は同調で　四市遺族会長会」（「市政だより」第一五号、五三・二・一）

舞鶴、福知山、綾部、宇治四市の遺族会では遺族の厚生援助について四市共同歩調の題目のもとに宇治須知遺族会長発起で去る十七日宇治市役所市長室で府世話課長、宇治市長、助役等列席、四市遺族会長の初会合を催し遺族厚生援助、就中母子所帯に対する指導、遺児の義務教育の完全実施、市主催の英霊追悼会、遺児の靖国神社参拝等

宇治市助役のあいさつ（「市政だより」36号）

宇治市役所屋上での壮行会（「市政だより」47号）

共通問題について市の援助方申入れる事を協議し、今後必要に応じて四市連絡協議会を催すことを申し合わせた。

「本年度上半期　宇治市財政事情公表」（「市政だより」第二九号、五三・一二・一）

本年六月に戦没者の遺児約二〇〇名〔同第二〇号によると八九人の間違い〕を靖国神社に参拝さすため戦没者遺族対策費として二四万円又遺族国庫債券を担保として貸付金七〇万を出費し遺族の厚生に資して居ります。

「遺児九〇人が靖国神社参拝」（「京都新聞」山城版、五三・六・一二）

既報―府遺族会のあっせんによる〝府遺児代表靖国神社参拝〟から離脱、府下四市独自の立場から実施することに決定した〝四市遺児靖国神社参拝〟は、いよいよ十四日行われるが、宇治市では同日遺児九十人（中学三年生、小学校六年生）が東上参拝に参加、十七日帰宇の予定で離脱都市の責任と名誉にかけて、この第一回東上を無事故に終わるべく慎重に対策を進めている。

「無事昇殿参拝　府下靖国に遺児」（「京都新聞」山城版、五六・六・二七）

宇治市ならびに舞鶴、宮津、福知山、綾部、峰山の府下五市一町の遺児二百八十名を中心とする遺族四百四名の靖国神社参拝の一行は二十六日朝九時二十八分臨時列車で東京駅着、疲れもみせず直ちに昇殿参拝、玉ぐし奉典を行って亡き父の冥福を祈り、午後は国会議事堂を見学、同夜都内四旅館に分宿、東京第一夜の夢を結んだ。きょう二十七日は都内見学して二十八日朝臨時列車で東京発帰着予定。

舞鶴市の場合

次に舞鶴市役所まで出かけた。舞鶴市広報「鶴の百聲　市政だより」（後に「舞鶴市政だより」）には二点の記事しかなかったが、四市連合事業の最初が五三年で、「最後の団体昇殿参拝」と広報にある五六年が最後と確認できた。

また、京都府宮津市遺児参拝団が「府の靖国の遺児第三陣二百四十八人」として靖国神社参拝をしたという記事がある（「〝靖国の父と対面〟きのう奥丹の遺児達」京都新聞丹後版、一九五三年六月一〇日）。これからも四市連合の遺児参拝が行われた時期に京都府の靖国神社遺児参拝が同時に行われていたことが分かった。

以下に舞鶴市公報と京都新聞（丹後版）の記事とあわせて整理する。

「本市遺児八〇名　靖国神社の父に対面」（「鶴の百聲　市政だより」五三・六・二五）
わが国の独立一周年を記念して福知山、綾部、宇治、舞鶴の四市共同主催のもとに戦争により父を失った児童を靖国神社に参拝せしめることとなり、小学校六年生児童本人或いは保護者の希望により参拝者を募り、本市では遺児一三三名中八十名が参拝することになり、去る六月十四日西公会堂において壮行会を開き〔…〕本市岡野福祉事務所長、小国同東所長、岡井吏員の引率で十二時十二分西舞鶴出発、京都で他の三市の児童と合流し翌十五日午前五時東京着八時に靖国神社参拝をすませ、十六日には東京都内遊覧、宮城を拝観し十七日正午西舞鶴駅に全員無事に到着した。

「舞鶴の遺児出発　靖国神社参拝の旅へ」（「京都新聞」両丹版、五三・六・一五）
舞鶴市福祉協議会、同遺族会主催の靖国神社参拝壮行会は十四日朝十時から西公会堂で〔…〕開かれ佐賀根市長はじめ出席者から壮行の言葉をもらって遺児八十人（男四四、女三六）は希望にもえた元気な姿で「行ってきます」と応え関係者多数の見送りをうけて午後零時十五分西舞鶴駅発列車で出発、綾部駅で福知山綾部両市の遺児と合流、午後五時五十八分京都駅発列車で宇治市の遺児とともに東上する。

②　第71号　舞鶴市政だより　昭和31年7月31日

たばこ消費税が市總收入の一割に

昭和二十九年四月からたばこ消費税が新設され市内のたばこ売上高の約九パーセントが市の収入となることは、既に皆さんよく御存知のことと思いますが、実際に数字をひろってみますと税新設期の昭和二十九年度は市のたばこ売上高が二億八千七百二十六万八千三百円、このうち市の収入となる金額は二千四百九十九万円（税率百十五分の十）昭和三十年度の売上高は二億八千三百万円、市の収入は二千四百万円でやゝ前年度より落ちますがそれでも驚くべき数字で昭和三十年度の市の総収入の十パーセントに相当します。

皆さんが市内のたばこ店でたばこをお買上げになることによって知らず〳〵の中にこれ程多額の金額が市に入るわけです。

それでは本年度はどうかと申しますと人口の自然増加と皆さんが市内のたばこ店を利用されますことによって約十パーセント近くの売上げが増加するものと専売公社舞鶴出張所ではみており、このことによって昨年の収入よりさらに二百四十万円増加することになります。

今後たばこをお買求めになる場合は必ず舞鶴市内のたばこ店を利用されますようおすゝめいたします。

市周邊部の巡回健康診断始まる

今年も地元の皆さんの要望に応えて医療施設に恵まれない市周辺部の市民の皆さんの疾病予防と健康保持のため市内各病院、医師会保健所の協力の下に巡回健康相談を開始しました。

今回も午前中は市保健婦による検便、希望者への実費投薬、午後は一時から四時半まで診療（応急処置もとる）終って五時まで医師との間にスライド映写をも行い種々懇談を行います。

8月1日木ノ下、3日岸谷、6日栃尾、7日佐波賀、13日成生、15日池下、20日小橋、22日河辺原、23日上根、27日別所、28日喜多、30日田井、31日与保呂、9月3日堀、4日城屋、5日登尾、7日吉坂、10日大君、12日大丹生、14日青井、18日布敷、20日白滝、24日河辺中。

靖国神社参拝終る

“一層きばって勉強”

靖国の父に誓う！

舞鶴市の靖国の遺児六十五名は、去る六月二十六日から二十八日まで三日間、市福祉事務所荒木所長ら係員四名の引率で、靖国神社へ最後の団体昇殿参拝を終り全員無事元気で帰ってきました。ところで靖国の父に対面した一人「余内小学校六年一組の[illegible]さんは、所長あてその感想を次のように寄せてきました。

靖国神社参拝についてお礼申上げます。待ちに待った、靖国神社参拝も終りました。所長様初め皆様方は、おつかれは、出なかったでしょうか。私はとても元気で今日はいつものように学校に、行きました。

東京での、色々のお話を学校でも楽しく遊び時間などにお友達に話しました。

小さな時から母に聞かされて待っていましただけに、初めて靖国神社に参拝して、何かむねがあつくなり、なみだが少しでました。「なおこれからも一そうきばって勉強しよう」とちかいました。

「見えないかなー」と心配していた富士山が、目の前に大きく高く見えましたね、「わー」と汽車がひっくりかえらないかしら……、そんな事はないでしょが……皆は一度に左のまどぎわへよったのでしたね。

一番いんしょうにのこるのは……はじめて見る国会議事堂の中……今日まで絵はがきでしか見なかった二重橋……はりを泳ぐ白鳥は又かくべつでしたね。

……このおくには天皇皇后、両陛下も、おられるのですね一度あいたいです。

自動車の波のにぎやかな町。私はこんなのを知らないのでまよってしまいました。夜のネオンサインの大じかけでめずらしく美しかった事、羽田の空港では、見るまに目の前で飛行機が着陸した。あんな飛行機に一度でもいゝからのって、海のむこうのアメリカや、ウィーンへ、行ってきたいなーと思った。

色々の思い出は、たくさんあって、かぎりがなく中学へいっても高校へ行ってもおとなになっても勉強を、するたびに思い出す事でしょう……。

写真は靖国神社境内で当市参拝遺児一行の記念撮影

◎死亡届について◎

死亡の事実が発生した合死亡の届出について手続を参考に申しますから今後死亡者のあったときは間違いのないようにして下さい

○届出地＝イ死亡地ロ死亡地が不明のときは、死体が最初に発見された地、ハ汽車その他の交通機関で死亡したときは死体を降ろした地ニ航海日誌を備えない船舶の中で死亡したときはその船舶が最初に入港した地……の市町村長に届出ていただく事になります右以外の市町村長は届出を受理することはできないことになっています。

○届出人＝第一同居の親族（死亡当時同居しておれば死亡者と戸籍は別でもよい。同居していない者は届出人となれません）第二その他の同居人（これは単に死亡者と同居の関係にあればよい、親族関係の有無は問題でない）第三家主地主又は家屋管理人もしくは土地管理人

右の者は順序にかゝわらず届出ができますし、届出義務者がない場合は他の者から届出もできます。

○届出期間＝右の届出義務者が死亡の事実を知った日から七日以内に必ず届出をしていただきます。

○死亡届書用紙＝これは法で定められており当市では用紙を準備してあり又要求のあるお医者さんにはお渡しゝてありますからこの用紙に所要事項を記入の上提出していただきますが特に次の点を注意して下さい。

①死亡者の本籍地が舞鶴市にある場合は届書は一通②舞鶴市以外であれば届書は二通

この死亡届書用紙には死亡届と死亡診断書が一緒に印刷してありますから死亡の届は届出義務者で、死亡診断書は医師に記入してもらい戸籍係へ届出て下さい

市役所の勤務時間は午前八時三十分から午後四時四十五分までで、時間外は宿直員がおり何時でも事務はいたします。御了承下さい。

註＝死亡者のあったとき関連して提出して頂く書類は消費者台帖（米屋に備付）をもらって頂き市役所戸籍係又は管轄の出張所に提出してもらいますがこれは必ず時間中にお越し願います。

○埋火葬許可証交付手続は

(1)戸籍係に死亡（死産）届済後埋火葬下附願用紙を受け所要事項を記入して医師が別に発行する死亡診断書をつけて係員の経由印をもらってこれを西地区は厚生課、東地区は東民生室に提出する事。

(2)右により埋火葬の場合は下附願提出と同時に火葬料大人寝棺千三百円、座棺千円、小人寝棺七百円、座棺五百円、四才未満四百円（市外者は大人五百円、小人三百円加算）の納額告知書を発行しますからこれを該当金額を市金庫に直ちに納付下さい

○次に国民健康保険被保険者が死亡した時の取扱は

(1)国民健康保険証、印鑑、保険料納付告知書を持参の上、西地区は市保険課へ、東地区は東民生室へ届出する、この場合は窓口に被保険者資格喪失届用紙がありますからこれに記名捺印して届出する

(2)届出と同時に葬祭費支給申請の用紙を渡しますから必要事項記入の上、西地区は厚生課、東地区は東民生室で取扱っている及びその取扱者の認印をもらって頂き保険課窓口へ提出して頂くと葬祭費が支給されます。

「舞鶴市政だより」71号

「靖国神社参拝終る〝一層きばって勉強〟靖国の父に誓う！」（「舞鶴市政だより」五六・七・二二）

舞鶴市の靖国の遺児六十五名は、去る六月二十六日から二十八日まで三日間、市福祉事務所荒木所長ら係員四名の引率で、靖国神社へ最後の団体昇殿参拝を終り全員無事元気で帰ってきました。

舞鶴市の遺児参拝体験者

以前に京都府遺族会を訪ねた折、事務局長のSさんに、京都府遺族会の所持する府下市町村の遺族会の周年記念誌を五、六種用意してもらった。そのうち舞鶴遺族会の創立六〇周年記念誌に遺児参拝に関する文章があった。その舞鶴東遺族会の連絡先を聞き、遺児参拝があったのかどうかを問い合わせた。

舞鶴東遺族会事務局のAさんが小学六年の時に遺児参拝に参加したことが分かった。Aさんが参加した遺児参拝は五六年で、遺児参拝の「最後の年」だった。六年生以外に五年生も参加したそうだ。舞鶴西遺族会の参加者とともにバス一台で京都まで出て、夜行列車（一泊）→靖国神社、上野動物園等都内観光（一泊）→夜行列車（一泊）だったとのことだ。

また、遺族（妻）で靖国参拝に行けていない人（Aさんの母親もそうだったという）も遺児と一緒に参拝した。

舞鶴東西遺族会刊行の『創立六〇周年記念誌　平和の祈り』のなかで唯一、遺児参拝について書いているBさんの文章には感銘を受けた。

Bさんの父親は四五年一月三一日にフィリピン・クラーク地区の戦闘で戦死された。四四年に加古川で最後の面会をした時が、「最後の面会となり、抱っこされて飛行機のコックピットに座った三歳の記憶には父の姿はありません」、「四年生頃まで、残されたアルバムの中の写真と舞中生徒手帳、軍事顧問団で派遣された蒙古の包頭から出されたハガキや手紙に、父親の存在を確かめたものだった」とある。

また六年生の時の靖国神社参拝の経験については、「六年生での靖国神社参拝に『あなたのお父さんはここに眠っています』との（注：宮司の）説明に納得することができず」と書かれていた。Bさんは最後に次のように結ぶ。

各自の自立生活により戦闘継続という作戦が各自に武器や食糧の補給が無く、そのほとんどが飢餓と病気に苦しみ倒れ直接の戦闘による戦死より多く、過去の歴史にもしもという仮定はないのですがクラーク基地で敗北した二月一日に白旗が上がればフィリピンで十数万の命が、終戦の決断が一ヶ月早ければ数万の命が救えたのです。

以上、大阪府、京都市・京都府の靖国神社集団参拝について調べてきたが、次は「靖国文集」(大阪府、広島県、長崎県)を読み、遺児たちの思いを具体的に見ていく。

第3章

大阪府の靖国文集を読む

やっと「靖国文集」を読み切った

「靖国文集」（大阪府）をやっと読み終わった。具体的には『靖国の父を訪ねて』第一集、第五集、第一〇集、第一二集の全四巻である。

先に述べたように、五二年のサンフランシスコ講和条約発効後、戦死者遺児の靖国神社集団参拝が一九五〇年代を通じて全国的に行われた。集団参拝は都道府県・市町村が戦死者の遺族会へ委託した事業だった。ちょうど、警察予備隊、保安隊、自衛隊の創設と日本の再軍備が進む時代で、日本の「独立」を契機に戦死者遺児の靖国神社参拝が堂々と行われた。

私は五八年に参拝に参加した。これまで『文集』を何度も読もうとしたが、途中で挫折した。そのわけは靖国神社に参拝した中学三年生当時に書いた私の作文に強い抵抗感があったからだ。作文で「私はなんとなく父は立派な死に方をしたんだなあと思った」と書いている。靖国神社は戦死した父や兄たちを国のため命を捧げた「英霊」として讃え、いざ戦争となれば、遺児たちを戦争へ動員する役割を歴史的に果たしてきた。その教化イデオロギーに強く染め上げられ、書かされたとしか言えない子どもたちの文章をなかなか読み切ることができなかった。しかし、今回はそれができた。なぜかと言うと、私の『文集』に対する姿勢を「当時この文章を書いた子どもたちと私は同じところにいた」と、感じ方を切りかえることによってである。以下、『文集』を、父の戦死と戦後の母との生活、貧しさと寂しさと哀しさを抱えて育った子どもたちと私は同世代であるという感覚で読み取っていきたい。

〈今回読んだ靖国遺児参拝文集『靖国の父を訪ねて』（大阪府）〉

「第一集」（五三年一月三〇日刊。参拝第二回：五二年一〇月二五～二八日）

「第二集*」（五三年九月二五日刊。第三回：五三年五月四～七日）

「第三集」*（五四年三月二五日刊。第四回：五三年一〇月三～六日）
「第五集」（五五年三月二〇日刊。第六回：五四年一一月六～九日）
「第六集」*（五五年一一月三〇日刊。第七回：五五年六月七～一〇日）
「第九集」*（五七年三月二五日刊。第一〇回：五六年一一月六～九日）
「第一〇集」（五七年一〇月三〇日刊。第一一回：五七年六月一〇～一三日）
「第一二集」（五九年三月二〇日刊。第一三回：五八年七月二九～八月一日）

＊は部分コピーを読んだ（それ以外は全巻通読）。第一集から第九集までは大阪府遺族連盟、第一〇集からは大阪府遺族会発行（第一二集まで発行が確認できる）。

父や兄たちの広大な戦場

遺児たちの父や兄は太平洋戦争中にアジアの広大な戦場で戦死した。その六〇％強は病死者、戦時栄養失調症による広い意味での餓死者だった（藤原彰『餓死《うえじに》した英霊たち』青木書店）。大阪府の空襲死者を含む戦没者は約一二万七〇〇〇人とのことだが（大阪府福祉部社会援護課「戦後七一年大阪戦没者追悼式の開催について」）、これから空襲死者約一万三三〇〇人（広田純「太平洋戦争におけるわが国の戦争被害」、『立教経済学研究』第四五巻第四号、一九九二年）を差し引くと、大阪府の軍人・軍属の戦死者は約一一万四〇〇〇人になる。多くの死者たちを背景にして、子どもたちの戦後の生活があった。

子どもたちの父や兄たちが亡くなったアジア各地の戦場を『文集』から取り出してみる。満州・中国・朝鮮・ソ連・フィリピン・マニラ・レイテ島・ルソン島・マリアナ諸島・トラック島・ラバウル・サイパン島・ニューギニア・フランス領インドシナ・ビルマ（ミャンマー）、それに沖縄、広島の被爆死等と続く。戦地に向かう輸送船が米軍機に襲撃され、父が戦死した様子なども文集に書かれている（以下『文集』の引用は筆者名や文中の氏名を省略し、新字新かなに改めた）。

母子たちの戦後

『文集』の前半の巻では父の記憶が鮮明だ。父と別れた記憶は、集団疎開や空襲の記憶、沖縄・広島の記憶などとつながっている。

こうした楽しい夢も激しい戦争の為につぶされ、父は軍属として国の為に出征したのです。私はそうした変化もしらず今日は今日はと小さいながらにまっていたのです。

昭和十九年十一月、みくにの花と散ってしまったその後、母の手一つで父にはじない子供として育てられたが母は四年前になくなりました。〔…〕淋しい時、悲しい時、うれしい時に夜空をながめ、きらめく星を母と思い、父と思い、私は一人ささやくのでした。

（『第一集』大阪市旭区、女子）

僕がまだ幼い五才の時ですからお顔はよく覚えていませんが、母が亡くなりその上父に召集が来て戦地へたたれたきり一度も帰れず、僕はおばあちゃんや、おじいちゃんおばさんの所で、従兄達と一緒に何不自由なく大きくなりましたが、お父さんの帰かんの日をどんなに待ったでしょう。しかし戦地から届いたハガキに「〔…〕元気ですか、お父さんも元気で、しっかり勉強しています。おばあさんの肩をたたいてらくをさせて上げて下さい。」と書いてあったのが最後の手紙で僕へのかたみになりました。

（『第一集』大阪市生野区、男子）

七歳の時満州で別れ別れになってしまったなつかしい父、雪の満州牡丹江の駅でさようならしたやさしかった父、汽車の窓から手を差し入れて頭をなでてくれた父の手、思い出はつぎつぎとつきない。何かしらふっと胸が一杯になって来た。涙でうるむ目で前を見ると大きな〔＊靖国神社の〕本殿がどっしりとすわっている。

（『第一集』枚方市、男子）

思えば幼い時父は戦死、あの苦しかった集団疎開、母と兄は家を守りながら仕事に、学校へかよった。終戦直前家はやけ後に何ものものこらず全部灰になった。その後のインフレーション、世の急げきな変化、走馬燈の様に思い出してはその時の事を考えた。あくる日の朝まだうす暗い時、汽車はいきおいよく東京駅にすべり込んだ。

（『第一集』大阪市生野区、男子）

昭和二十年の空襲で大阪のお家は焼けて私達は今枚方にいます。おばあさまやお母さんは本当に苦労されました……。

（『第五集』枚方市、女子）

飢えて食なく、呑む水なく、汗と油に染まり、悪戦苦闘し、あたら沖縄の土にと化した父を思う。

（『第六集』大阪市東区〔現・中央区〕、男子）

アメリカがそんな卑怯なもの〔＊原子爆弾〕を落としてくれてなかったら、父は助かったかもしれない。それというのも私の父は広島の原子爆弾で亡くなったからである。そんなことを思いながら参拝した。

（『第一二集』大阪市天王寺区、女子）

『文集』の後半の巻になると、子どもたちは父の記憶や思い出はなく、生前の父に顔も見てもらったこともない。私の場合もそうだった。

僕の父は、僕が生まれてから四ヵ月目に、内地をたって大陸へ向かった。そして三年目にサイパン島で戦死されたという知らせが来たのだ。

（『第六集』大阪市西区、男子）

私が誕生した時父はすでに戦場へ行っており、その年に死亡したので、私は父の顔を知らない、もちろん思い出もない。幼い頃の私には、友達が父と歩いている姿を見ていじらしく目につき、うらやましく思った事も幾度かあった。戦争で父を失った私は、戦争の事を聞きたくない。母もきっと太平洋戦争の事は云いたくないだろう。なぜならば私がもの心ついてから今日まで、母は私に戦争の事を何も話さない。そして父の事ですら口に出さない。

（『第一〇集』大阪市西淀川区、女子）

ぼくには父、母、おじいちゃんがいない。しかしおばあちゃんがいるからいい。ただ父のある友達がうらやましい。〔…〕もし戦争がなければ、無言の父ではないし、母もいるだろう。父、母がほしい。しかし今はおばちゃんに育ててもらっているが、昨年まではおじいちゃんがいたが、きょうしんしょうで亡くなった。ぼくは今におばあちゃんを楽にしてあげ、父より偉い人になるのだと決心した。

（『第一二集』大阪市西区、男子）

そして戦後の母子の生活は食べるのにこと欠く苦しい生活であり、悲惨な家族や家庭の実態が分かる。

戦争のため長年住みなれた家を焼き出され、当時小さかった姉弟四人を育てるのに人一倍苦労をした母までこの二年前に永久に帰らぬ人となりました。あとに残された私達にはあまりにも残酷な運命の巡り合わせでした。父さえ無事に帰ってくれたら、戦争さえなかったら、こんなにまでならなかったかもしれないと思うと残念でしかたありません。

（『第一集』大阪市西成区、男子）

私の父は昭和十九年九月十三日に戦死しました。あの時私が五才で、妹が三才でした。私の母もまだ二十七才でした。それからは母の実家へ帰って苦しい生活を。又母も今まで「こんな美容師になろうなんか思った事もない」事を、私達親子三人食べて行くために田舎から大阪へ出て来て、小さいながらも天王寺堀越町で美容院を経営しました。初めまだ何も知らない母は、いっしょけんめいに勉強して、見事に試験にパスしました。今ではもう、母の手で四人も試験が通って一人前の美容師に成功しています。

（『第五集』大阪市浪速区、女子）

〔…〕母は昭和二十六年六月二十九日、父の帰りを待ちこがれ、その間の疲労と苦労の為めついに長い病床につき、この日私達三人を残して病死しました。祖母も我が子の帰りを待ちこがれ、いく日泣いて過して来た事か。我が子の戦死を聞いた時どんなにびっくりした事か。その為め祖母はあまりの驚きに元気な体も一度に弱った事であった。こんな思いをした祖母は老衰の為めこの年の八月二十四日死んでしまった。父も母も祖母もない私達兄弟三人が立派に出世する事を父にもう一度誓った。

（『第五集』大阪市阿倍野区、女子）

お母さんはお父様の公報が入った時、まるで一日泣き明かしました。私がちょうど一年の時でした。それから母子の苦闘が始まったのでした。お母さんは私を親類へあずけて働きに行き、十二月の真冬に電車が故障なので、十二時頃までかかって歩いて帰って来られた日もありました。世の荒波にもめげず育てて下さったお母さんには、口では云えないくらい感謝しております。（『第五集』大阪市大淀区〔現・北区〕、女子）

お父さんが戦死されてからお母さんの苦しい生活が始まりました。小さい妹や私を抱えて幾夜もねむらず、縫物をしたり、山や田畑に出て口では云う事の出来ない苦しい仕事をして私等を育てて下さいました。お父様の居ない家庭ほど淋しいものはありません。大きくなるに従って、世の人の冷たい人情がよくわかる様になり、お父様が生きていらっしゃったらと思って幾度泣いたか知れません。

（『第五集』大阪市旭区、女子）

遺児集団参拝はこのように行われた

『文集』には、集団参拝それ自体の様子も克明に描写されている。それは次のように執り行われた。
　夜行列車で東京に着いた子どもたちは宿舎に荷物を置いた後、早朝の深閑とした靖国神社に招き寄せられる。竹樋から落ちる冷水に手を清め、拝殿に進み本殿に向かって安座、お祓いを受ける。この時、本殿で神官が祝詞奏上する。男子から昇殿参拝（女子はこの後男子が終わってから昇殿参拝）する。二拝二拍手一拝の後、神官は「前に見える鏡の奥にお扉があり、その奥にさらに小さな御殿があって、その中に二百五十万柱のみ霊が奉安されています」と言う（『文集』第一〇集）。このように神々しい雰囲気が形づくられたなかで「父との対面」が演出される。さらに子どもたちの正面に置かれた大鏡に父親の顔が見えると誘導される。私の書いた『文集』（第一二集）には宮司の言葉を次のように記録している。

　この靖国神社は、お国のためになくなられたあなたがたのお父さんや、お兄さんの英霊がお祀りしてあります。此国がある限り、あなたがたのお父さんの名は後々まで残るでありましょう。今日も大きくなられた人々が〝お父さん、こんなに大きくなりました。〟と報告に来られています。皆さんも、もう一度やって来てください。

以下、『文集』からその様子を見ていく。

大きな鏡の前に私達一同は坐った。此の鏡の中にお父さんが居る。私はじっと鏡をみつめていた。「お父さん」、と小さくよんだ。目頭があつくなってきた。あつい涙がほほをつたった。鏡がくもって見えなくなった。

（『第五集』大阪市東住吉区、女子）

神主さんが、「みなさんのお父さんは、この大鏡の後にお祀りしてあります。みなさんのお父さんは、お国の為めにりっぱに尽されました。そのお父さんの子供である皆さんは、何のひけ目も感じる事はありません。お父さんがおられないのでさぞおさびしいでしょうが、力強く堂々と生き抜いて下さい。それではみなさんのお父さんとごゆっくりお話し下さい」。神主さんのお話が終り、皆な静かに目を閉じた。

（『第五集』大阪市東住吉区、女子）

いよいよ私達が父と無言の対面をするのでしたが、自分はいったい何を亡き父に言ったらいいのか、先生方〔＊引率の人のこと〕は「りっぱな子となる」とそれだけいえばよいといわれた。けれども自分にそれだけを誓う勇気と自信があるのかと疑ってみました。

（『第五集』大阪市東住吉区、女子）

私も顔さえしらない父の霊に心の中で「お父さん！」と叫びながら足の痛いのも忘れ一生懸命祈った。ああ父はあのみにくい戦争の犠牲になった。しかし父は国の為に尽くし、国の為に立派に死んでいった。当時はそれは正しい立派なことであった。そして父もそれを正しい立派な事と信じて立派にこの世を去った。私はその立派な父の子である。誰にもひけをとる事はない。いやそれどころではなく国家の為に尽くした立派な父を持つ事を誇りとし、その父の子としてはずかしくない行いをしなければならない。

（『第一集』岸和田市、女子）

母の話に依ると僕の五歳の時、父は戦争に行かれたそうだ。その時僕はこんなことを言ったらしい。「お父さん、戦争に行ったら鉄砲の玉があたって、死んでしもてや、死んじゃったかてかめへん、神さんになってやもの」と。

（『第一集』豊能郡、男子）

戦前の靖国神社の役割は、国家によって戦争に動員され、戦死した兵士を「英霊」として祀り、遺族に対し、戦死者は国家のために死んだと鼓舞し、英霊の後に続きなさい、国のために死になさいと繰り返し教育し、次々と兵士を作り出すことにあった。戦後の靖国神社遺児参拝においても同様の作用が働いており、子どもたちをその方向にすり込もうとしたのだと思う。もしあの時、戦争が起こっていたら、子どもたちは銃を持たされていただろう。

一方、「お父さんの姿は見えず、声も聞こえなかった」という正直な作文もあり、ほっとさせられるとともに、子どもたちの悲しみと切なさを感じる。

「お父さんに会いに来ました」と心の中でいいました。そして一度でいいから「●●よくきたね」といってほしかった。だがお父さんの姿も見えず、どこからも声は聞こえてきませんでした。

（『第一集』中河内郡、女子）

その時ふと父があんな所におられるのだろうか。開けてあいたい。どんな姿であろう、顔も見たい、幼い頃のようにだっこしてもらいたいと思ったが、今はもう何もしてくれない父の姿。お父さんお父さんと言ったってだまっている。そんな事を考えていると涙がこらえられなく、なんであんな戦争をしたの、お父さんをもとの姿で返してと大きい声で云いたくなるほど、悲しくなる。

（『第一〇集』岸和田市、女子）

静かであるが、湧き上がる子どもたちの怒り

以上見てきたように靖国神社集団参拝を進めた行政や遺族会のねらいは『文集』全体に貫徹しており、遺児参拝が当時全国的に展開された歴史的意味がよく現れている。にもかかわらず、『文集』のなかには父を亡くした寂しさや哀しさ、そして家族をそのよう境涯に追いこんだ戦争と政治権力に対する静かであるが、ふつふつと湧き上がる子どもたちの「怒り」が見られる。そのような声に聞き耳を立てて、書きぬいてみる。

私は皆んながどんなに成長しても父親の愛情欠乏症は簡単に治らないと云う事を痛切に感じた。そして又自分自身に付いて振り返って見た。小さい時は父親に手を引かれて甘えながら道を往く私と同じ年頃の幸福そうな人々が大変うらやましかった。そして又十六才に成った今でさえも時々その幸福そうな親子を立ち止まって見る。戦争さえなかったら不幸にして病気で死ぬ人はあってもその他に人間同志《ママ》で殺し合って死ぬ人々は無かったでしょう。〔…〕戦争をすれば両方の国が互いに損をし、不幸な人を沢山作るだけであるのに何故にするのだろうか。経済的行きづまりや思想的行きづまりからだろうか？　靖国神社へ参拝して、そして又私や私と同じきょうぐうにある人

や道端に立っている傷兵を見る度に、戦争は如何なる理由があっても絶対にしてはならないと云う事をひしひしと胸に感じた。

（『第一集』大阪市東淀川区、女子）

「お父様はまだ生きていらっしゃる、唯、南方に居られるだけなのだ」こうした考えは終戦八年の今も私の頭から去らない。お母様もそう考えていらっしゃる。だから父の仏壇は田舎の御祖母様の家にほりつぱ《（ママ）》なしであるし、お墓を見ても「死んでないのに。」と腹が立つ。私達はいつも陰膳をし、御父様の御健康をお祈りする。こう云う気持だから、靖国神社へ参拝する私の気持ちは複雑だった。

（『第一集』富田林市、女子）

私の父も戦争のゴミの一つになり、祖国を守るために母や私と弟二人をおいて、涙のうちに悲しくも父が出て行かれた時は、私は七才でした。〔…〕ついに父親戦死の便りが終戦まもなく来ました。母の悲しみは大きくてがっかりしてしまいました。でも気の強い母は、なあに父の戦死はきっと間違いだと信じ、其の後はただ神様に祈るだけです。どんな寒い時にでも山の中にあるお滝で水に打たれて祈っていましたが、まもなく本当に戦死したと遺骨が帰って来ました。母の信仰も甲斐もなく消えてしましまい、いくら気持の強い母も言葉に云い表せない程悲しみ、気のすむまで亡き父の遺骨をだきしめて泣きつづけました。

（『第三集』高槻市、女子）

父は私の三才の時に亡くなりました。〔…〕私は父とそっくりだったそうです。お母さんから、お父さんの顔が見たかったら、自分の顔を鏡に写して見ればよいといわれるくらいです。無口な所、性質等もよく似ているそうです。父が戦場に行く日、私は母にだかれて、どんなに泣いた事でしょう。幼かった私にも父の行き先がわかっていたのではないでしょうか。「お父ちゃん、お父ちゃん、行っちゃいやだあ」。何となだめられても私は泣きつづけていました。けれども父は、汽車の窓から日の丸の旗をふって私から遠ざかって行ってしまいました。戦争はようしゃなく幼い私の手から愛する父をうばい去ってしまいました。私は戦争がにくらしい、戦争がおそろしい。戦死された父や多くの人々は、もう二度と戦争が起らないよう願っていられるでしょう。私だって再びこのような不幸が起らないように祈っています。

（『第五集』大阪市旭区、女子）

〔…〕ついに公報があり、父は十九年八月に戦死しておられた事が判った。でもなかなか本当に〔納得〕出来ず、引揚げられた戦友の家を母に連れられてあちこちへ尋ねて行ったこともあった。どこへ行っても本当に死なれた事を聞かされるたびに、母の前途は真暗であった。戦友のおじさんの話では、死ぬまで僕の服と靴を買ってリ〔ュ〕ックの中へ入れ、背負っておられたとの事である。内地は純毛が不自由だからと云って、ラバールで求められたらしく、土産に持って帰るのだと話しておられたそうだ。僕は今でもフィリッピンに日本兵が残っていることをラジオなどでよく聞く事がある。その時はもしか父ではないか、ひょっとしたらまだ隠れておられるのではないかと思う事さえある。

（『第五集』豊中市、男子）

此の国が、神をたよりに今や、何百万と言う尊い人命を投げ捨て戦った。第二次大戦にやぶれさり、何百万と言う家族が苦しんで居る有様を見る時に、神国日本はどうしたのだろうか。果たして神があるものだろうか。決してないのです。私は信じます。神や仏は、苦しんで居る一個人を救うのが、神や仏の力ではないでしょうか。此の苦しんで居る日本国が今全国津々浦々から、何十万と言う遺族を国の費用で参拝させている事は何と言う事かと、なげかざるを得ないでしょう。なぜならばこれは小善に過ぎないからです。日本の政治家は、もう少し一個人を救う道はないものかと言う事を考えるべきでしょう。

（『第一〇集』大阪市西成区、女子）

靖国の鳥居を見た時、父に逢えるという喜びに胸一杯であった。しかしそのそこには誰が父を殺したか、それは戦争である。その戦争は誰がするのだ、日本国民を代表する人々ではないか。国のため国のためと、国民の苦労をよそに尊い人命を赤紙一枚で左右する。国民はなにも知らない、罪はないのである。一部の権力者の為めに父を、いや数十万という人命を失ったのだ。僕は戦争を憎む。いやそれ以上に戦争をひきおこした政治家、軍人を憎む。父は永遠に帰らないのだ。母は戦後のどさくさに生活するため必死であった。その苦労がたゝってか僕が七つの時、母も父の後を追うて帰らぬ人となった。父母を殺したのは誰だ。政治家、軍人のまちがった政治、それにつきる。そんな心が胸のかたすみで叫んだ。

（『第一一集』大阪市東住吉区、男子）

僕の父が一体どこにいるのだ。健康な姿はどこに行ったのだろう。ただ大きな鳥居。門の様に閉された〔＊本殿〕正面の板戸、とりまくすべてがなつかしい父と僕との間を閉じている様である。僕は誰にともなく無暗に腹が立った。畜生、誰が父を殺したんだ。世界中で唯一人しかない立派な父を誰が海底に沈めたんだ。僕は無我夢中だった。辺りに誰が居ようが居まいが、おかまいなしにくやし涙がとめどもなく頰を伝った。然しこの相手の無い僕の憤りはすぐに云い知れぬさびしさに変ってしまった。広い靖国神社の玉砂利の中に、僕一人がぽつんと取り残されたようなさびしさだった。〔…〕鳥居の所まで出た僕は、わすれ物に気が附いて二、三歩引返し、しゃがんで下の玉砂利を一にぎりポケットに入れた。

（『第五集』南河内郡、男子）

大学時代の先輩も遺児参拝に参加していた

二〇一一年九月末、その二年前に脳溢血で倒れ闘病中の先輩の須藤徹哉さんを見舞いに訪ねた。須藤さんは左半身麻痺で、若いときに肺結核だった関係で結核菌が残っていたため気管支の切開手術をしたので、言葉が出にくい。また食事も流動食を胃に管で直接入れて栄養補給をしていた。また、車いすでの不自由な生活だった。

靖国訴訟高裁判決（二〇一〇年一二月二一日）の新聞報道を奥さんが見られていて、彼にも見せていたので、遺児参拝が話題になった。そのなかで、奥さんが「主人も小学五年か中学で靖国神社遺児参拝に行ったと以前に言っていました」という。「それは中学三年です。須藤さんとは学生時代、お互いの父の戦死の話はよくしたのですが、参拝の話はどち

1954年、須藤徹哉さんが集団遺児参拝したときの班の集合写真。須藤さんは最後列左から５人目（『靖国の父を訪ねて　第５集』）

らからもしなかった」と私は話した。学生時代に先輩の家を訪ねた時、軍服姿で乗馬する父親の写真がかかかっていたことを思い出した。

須藤さんの家から帰って翌日「もしかして文集に感想文が載っているかもしれない」と思い調べた。『靖国の父を訪ねて　第五集』に彼の文章があった。それを読んで驚いた。あの聡明な先輩が（私は大学時代の理知的で学究的な彼を大変尊敬していた）私同様の「靖国の罠」にはめられていたのだった。あらためて靖国の存在の恐ろしさを痛感した。靖国神社参拝の彼の感想は次の通りだった。

温い父のあの手

僕ははからずも大阪府遺児代表の中に加えられ、待望の靖国神社に参拝することができました。胸高なる希望と幼い頃の僕の思い出そして今は亡き父上、神と化したお父さんの前へ、大きく成長したこの身体を見せることが出来ました。

思えば十年前、戦争のため戦地に出征なされた父でした。出発するとき、僕の頭をあたたかい愛情のこもった手でそっとなでられて去っていかれました。

そのなつかしいお父さんと今靖国神社で会えたのです。「お父さん、皆元気です。小さかった僕たち弟妹も、お母さんのおいつくしみの元大きく成人いたしました。御安心下さい。これからもしっかり勉強して、りっぱな正しい人間となります。お父さん！」じっと眼をつぶっていると、なつかしいお父さんの声が聞えてくるように思われました。「大きくなったなあ、これからもしっかりやるんだよ」と。僕は去り難い思いをして靖国神社を出た。

（『第五集』大阪市阿倍野区、須藤徹哉）

私より四歳上の須藤さんは五歳頃に父親と別れ、その「手のぬくもり」を覚えていたのだった。その年の一一月に再度須藤さんを訪ねた。父親は一九四五年八月一二日にフィリピンで二七歳で亡くなった。須藤さんは病気で意思表示ができず、彼の母親はその二年前に亡くなっていたので、戦死した島の名前等詳しいことは分からなかった。須藤さんが元気な時に「この戦死の日付はうそだ」と言っていたそうだ。帰ってきた白木の箱には遺骨はなく、石だけだったとのことだった。ところが、一二月に入って、須藤さんの奥さんから電話が入った。「今朝は痰がつまることもなく、調子が大変よかったので、父親の戦死の場所を聞きましたら、答えることができました」とのうれしい連絡だった。須藤さんは「スル群島シロマン山」と言ったとのことでした。インターネットで調べると、それは「スールー諸島」で、フィリピン諸島の南西部に位置し、ミンダナオ島からカリマンタン島にいたる群島だった。そこはフィリピンのイスラーム圏にあたる。スールー諸島は、太平洋戦争末期の日本軍と連合軍の激戦地で、日本軍は全滅した。そのスールー諸島のなかに「ホロ島」があり、島の北側に「シロマン山」があった。そこに侵攻した日本軍の九六%が戦死した。彼の父親はそこで亡くなった。そのことを須藤さんは苦しい息をしながら教えてくれたのだ。彼には私が何を尋ねてきたのかが分かっていたのだった。父親の戦没地を「スル群島シロマン山」と言う時の須藤さんの口の動きを想像すると胸が熱くなった。残念ながら須藤さんはその後、二〇一六年九月五日に亡くなった。

靖国遺児参拝時の中学校の教員を探す

当時の私の出身中学校が遺児参拝にどのように関与したのかを調べた。そのなかで当時の教員の一人、大森龍三さんと出会うことができ、戦争体験を聞けたことは得難い体験だった。

私の卒業した茨木市立養精中学校で遺児参拝に関して、当時の学校側の関与を示す文献（校務日誌、学校沿革誌）を茨木市史編纂室、養精中学校に尋ねたが、文献は残っていず、その実態は分からなかった。

これ以外の方法として、茨木市の退職教職員の会を通じて私の中学三年当時の教員を探した。当時の私の担任とはすでに再会しており、二〇一三年七月に五〇年ぶりにクラス同窓会を持った。担任の林實さん（同窓会の時、八〇歳だった）は「当時新任教員だったので、まったく靖国神社遺児参拝を、また、君が行っていたことも知らなかった」とのことだった。先生はその後、脳梗塞で倒れられ、闘病生活を続けられた。

さらに教員の人間関係をつなげて、当時の教員を探し、家庭科の女性教員（一人は当時三年生担任だったSさん、もう一人は当時担任外だったIさん）に電話で聞いたが、「遺児参拝は知らなかった」とのことだった。

一九五〇年代の遺児参拝旅行に際して、大阪府教育委員会は毎回「戦没者遺児の靖国神社参拝不在間の出席取り扱いについて」という通知を出している。それには「修学旅行に準ずるよう貴管下各小中学校に対して御配慮願います」とあり、実質的に公欠扱いだった。そのことから、私の出身中学校で遺児参拝の対象となった三年生の担任、および学年所属教員がその事実を知らなかったとしても、それで教員の関与がなかったとは言えない。管理職の関与があったかもしれない。当時出身中学校で放課後に教室に集められ、靖国神社遺児参拝の説明があったと私はうっすらと記憶している。大阪府での毎年一〇〇〇名規模の参加生徒の選抜と参拝行事は学校が関与せずにできなかったのではないか。

大阪府の『文集』（第一二集）で遺児参拝参加者の「くじ引き」についての記述がある。「ある日学校で、戦死者の子供が東京の靖国神社へ行くと言って、先生と市役所へくじを引きに行った。ぼくは籤にあたらなければいいのにと思った。ぼくらが籤を引く番がきて引いてみると、ぼくは当りました。やっぱり行かなくてはいけないと思った」（富田林市）。くじ引きについては大阪府の『文集』の他市分にも、また他府県の『文集』にも散見されるので、このような学校の関与もあったと思われる。また第2章でみたように、京都市の例のように遺児参拝前に学校で遺児参拝児童の「壮行会」が行われたという場合もあった。

さらに当時三年生の教員だった大森龍三さんと連絡がつき、電話でお尋ねしたが、大森さんは「学校は関係していない」という返答だった。大森さんは茨木市の「同和教育」創生期の方である。また、彼の兄がフィリピンで戦死されたとのことで、お話を聞きにご自宅に伺った。

大森龍三さんの戦争体験

大森さんには二〇一五年の六月と一〇月に会った。大森さんは一九二五年九月生まれで、当時九〇歳だった。大森さんと兄の則夫さんとは三歳違いで（当時兄は二〇歳、大森さんは一七歳）、兄はフィリピンのレイテ島で戦死した。四三年一二月に最後の面会が京都市の東本願寺で行われ、両親と一緒に面会に行った。兄は夏服を着ていたので、「南方やな……と思った」そうだ。所属部隊は第一六師団中部第三七部隊（垣部隊）で、第一六師団は四一年九月に京都で編成され、京都市の深草・伏見に司令部を置き、「対米英開戦の直後にフィリピンに上陸し、最後はレイテ島で『玉砕』しました」（竹島良成「京都師団の日常」『京都教育大学紀要』一〇八号）。

フィリピンからは軍事郵便が三度来たが、四四、四五年には便りは途絶えた。私は以前に読んだ大岡昇平『レイテ戦記』を思い起こし、激戦のレイテ戦を想像した。戦後の四七年に京都府庁から遺骨を取りに来るようにと連絡があり、出かけたが、白木の箱には石が入っていただけで、遺骨はなかった。戦死した時期、場所も分からず、軍の報告は「レイテの守備についていた」とだけで、大森さんは「やたけた」(いいかげん)であると言った。

大森さん自身も徴兵年齢の引き下げの結果、四四年に一九歳で徴兵検査を受けた。加藤陽子『徴兵制と近代日本――1868-1945』(吉川弘文館、一九九六年)には、徴兵年齢の引き下げについて、「昭和十七(一九四二)年二月十八日の兵役法改正は、勅令によっていつでも徴兵適齢を下げることを可能にした。これによって昭和十九年の徴兵検査は、満一九歳と満二〇歳の壮丁に対してなされた」と書かれている。大森さんは検査の翌年の四五年一月に一九歳で徴兵された。兄と同じ第一六師団中部第三七部隊第二中隊に配属された。所属部隊は軽機関銃部隊であったが、同年六月頃には急激に武器が減り、三八式歩兵銃さえもがなくなったことを覚えているとのことだった。

三ヶ月の教育訓練の後、三月末に四日市市の航空隊の燃料を米軍の空爆から隠すため、滋賀県の山中(現在の甲賀市水口町貴生川)に掩体壕を掘る作業に大森さんは動員された。その時の宿舎が天理教の教会(現在の天理教甲賀大教会)であったが、教会員の子どもが走り回っていて、自転車のスポークで耳掃除をしていた大森さんにぶつかり、耳の大けがをした。そのため、高熱を発し、衛生兵は大丈夫との診断だったのだが、上官が再度診察を指示し、診察の後、陸軍病院に入院となった。以下、大森さんからもらった葉書から引用する。

中部三十七部隊第二中隊にいた時、例の事故で帰隊するも熱が下がらず衛生室へ診断のために行かされました。その時診断したのは衛生兵です。伍長の衛生兵が「異常なし」と判断しました。軍医に診てもらったのは陸軍病院に入ってからです。

そして、直後に予定されていた西部方面への派兵から逃れることができた。派兵先を大森さんは沖縄ではなかったかと想像している。というのは同じ部隊の同年兵は全員戦死しており、輸送船が沖縄に着くまでに米軍の潜水艦に沈没させられたのではないかと思うと言う。大森さんは事故のおかげで九死に一生を得て生き残った。大森さんのお話を聞き、私たちの世代は戦争を体験した先生たちに教えられていたのだと再認識した。この後、大森さんの戦後の「生」が始まる。

〈追記〉
闘病中の私の担任の林實さんは二〇一六年四月一九日に八三歳で亡くなった。翌年の四月に中学三年生当時の同窓生で「林先生を偲ぶ会」を行った。一三年七月の同窓会で、林さんが「あと二〇年生きて、一〇〇歳までがんばる」と話していたことを思い出す。大森龍三さんとは最近も会った。自費出版で自分史の本『連綿 離別草子』（日本図書刊行会、二〇一七年）を出版され、足腰が悪くなっていたが、九三歳でご健在だった。

第4章　広島・長崎の遺児たちの思い

1　『文集』には何が記されたか

遺児参拝資料

二〇一八年四月一九～二一日、広島・長崎に一九五〇年代の「靖国文集」の調査に行った。広島では市公文書館と市立中央図書館、長崎では県立図書館に『文集』が収蔵されていた。

私は『文集』に原爆投下時の体験やその戦後の生活への影響が見つけようとした。

広島県の『文集』は次の二冊が残っている（前者は市公文書館、後者は市立中央図書館に所蔵）。

『第一集』（広島県遺族会、一九五四年。参拝：五三年八月一七〜二二日、中学二年生、七一〇名）

『第二集』（同前、一九五五年。参拝：五四年一一月一八〜二三日、中学二年生、八二一名）

その後の調査で翌年の五五年も遺児参拝が行われていることが分かった（「中国新聞」五五年八月九日夕刊）。

県立文書館に大林村役場文書（大林村は五五年三月末の町村合併で可部町に、七二年に広島市に編入、現在は広島市安佐北区）が所蔵されており、五三、五四年の「遺児靖国神社団体参拝」に関する文書が見つかった。遺児参拝団は県内で二団に分かれていたようで、旧大林村を含む地域は一一月一二〜一六日であった。五三年の遺児参拝の経費は、遺児一人につき二八〇〇円、内県費補助が一四〇〇円、町村補助が一四〇〇円となっている。また携帯品として当日の夕食までの弁当持参、白米一合五勺六袋、白米四合五勺二袋持参となっていて、時代状況が現れている。また参加資格として「優良遺児として他の範とするに足るもの」とある。
五五年以降の遺児参拝については、「遺児団参の行事は県市町村の助成により二十八年八月、七百名を送り出してから六ヶ年連続」（『日本遺族会十五年史』）続けられたとあるので、五八年まで行われたと考えられる。
長崎県の『文集』は六冊残っている（すべて県立図書館所蔵）。第六集が最後と思われる。

靖国の父のもとへ
広島県の四八四名到着

東京九段の靖国神社は、このところ夏休みを利用する全国各地の遺児の団体参拝が相次いでいるが、八日は広島県の遺児第一団が参拝した。一行は呉、三次、庄原、大竹、安芸、佐伯、安佐、山県、高田、賀茂、双三、比婆の四市八郡の中学二年生遺児たち四百八十四名で、午前九半時元気いっぱいで東京駅に着いた。

遺児たちは東京駅から十台のバスに分乗、十余年間かたときも忘れることの出来なかったお父さんのまつられる靖国神社へ…とくに許されて正殿参拝を行ったが、神前の前に深くうなだれて亡き父の面影を思い浮べる遺児たちは、ノリトの進むにつれて小さな肩を震わせ、駅とうの終るころには押えかねたすすり泣きの声が殿内に満ちた。

それぞれの思いをこめて参拝を終った遺児たちは、境内で昼食をとったのち、ふたたびバスを連ねて国会を見学、さらに上野動物園を一回りして、上野駅前の宿舎で長い旅の疲れを休めた。

1955年8月9日付「中国新聞」夕刊7面

『第一集』（長崎県民生労働部生活課〔以下同〕、一九五五年。参拝：五五年三月九〜一四日、小学六年生、二九〇人）
『第二集』（一九五六年。参拝：五六年三月一三〜一八日、小学六年生、六四七人）
『第三集』（一九五七年。参拝：五六年九月一五〜二〇日、小学六年生および中学三年生、六〇〇人）
『第四集』（一九五八年。参拝：五七年一一月一二〜一七日、小学六年生および中学三年生、五

六四人）
『第五集』（一九五九年。参拝：五八年一一月一〇～一五日、中学三年生、五五一人）
『第六集』（一九六〇年。参拝：五九年九月九～一四日、中学三年生、五六三人）

長崎から遙か東京へ

今井美沙子『家族のスケッチ――五島福江新栄町』（ドン・ボスコ社、一九九一年）には、遺児集団参拝の際の当時の長崎県五島の子どもたちの様子が描かれている。


隣家の六年生の好子さんが学校代表で靖国神社へお参りに行くことになった。男では同じ町内の平岡のせいちゃんが行くという。

靖国神社は東京だというので、新栄町の子どもたちは大騒ぎをした。

「おりゃぁ、五島しか知らんとに、好子さんにゃ、海ば渡って、長崎よりも福岡よりも遠か東京へ行くとっちよ」

「東京には美空ひばりが住んどっとぞ」

「天皇陛下も住んどっとぞ」

「見たこともなか高か建物があって、見たこともなか電車や汽車が走りよっとぞ」

「おなごん人どんも化粧ばして、きれいか洋服ば着て町ば歩きよっとぞ」

様々なことばが飛びかったあと、皆が嘆息をつかんばかりにして、「ああ、好子さんやせいちゃんが羨ましかあ」といった。


五〇年代の日本は現在のように交通機関は発達していないし、もちろん新幹線もない。長崎から鉄道を利用して東京まで行くには夜行列車（生徒たちの乗る列車を「靖国号」と呼んだ）を使って、まる六日かかった（車中二泊で、その途中には京都の観光が入っていた）。長崎は島の多い県なので、各地から船に乗り、佐世保市や長崎市に着き、そこで一泊し、さらに長崎駅で合流、東京へ向かった。当

長崎駅での見送り（『靖国の父を訪ねて　第4集』）

時放送を開始したテレビも東京の旅館ではじめて見る経験をした。

以前『家族のスケッチ』の著者の今井さん（高校卒業後、五島市福江町から大阪市に出てきておられた）と連絡を取ることができ、当時の遺児参拝の体験者に連絡を取れないか尋ねた。今井さんは遺児参拝の経験者ではないが、福江の兄弟や知り合いに問い合わせてもらったが、「靖国参拝を体験した同年代の人たちは長崎市や関西方面に出ていて連絡が取れない」とのことだった。その時、『文集』を調査する機会があったら、五島の子どもたちの作文をぜひ読みたいと思った。まず最初に五島の子どもたちの作文を見てみる。

去る十一月十一日の朝八時に福江を出発しました。福江市から十七名の遺児として、福祉事務所の、祝さんからつれられて、長崎港にみんな無事に到着することができました。十二日朝は九時に旅館を出て、駅前に九時半にみんなが集まって、知事さんの話があり、それがすんですぐ汽車に乗った。汽車の旅が一番つらかった。富士山を見ることが出来ました。東京へ着いたのが十三日の午後七時でした。

十四日の朝から見学でした。観光バスに乗って、一番最初に靖国へいきました。〔…〕私はその時に感じた。戦争がなかったらこんなに大勢のお父さん、おじさん方がなくなることはないと感じました。

十六日の朝出発して、汽車は京都に着き、京都で三時間見学して、すぐ汽車に乗って、長崎に帰りました。

十八日の朝長崎を出発して、三時に福江港に着くことができました。

（『第四集』福江市、女子）

それから東京のいろいろな所を見学し、夜汽車に乗り汽車の中で二晩をすごし、汽車に乗って二日目の正午、長崎駅についた。駅につくとむかえの人が多く祭りのようであった。私は一週間もの旅行、東京までの旅行と言うものは、もうできないかもわからない。たぶんできないだろう。また、一週間の旅行、たのしかった旅行、これは、私の一生の思い出になる事だろうと思う。

（『第四集』福江市、女子）

私は幼い子供の時は父がいなくても淋しいとも何とも思わなかったが、今では父がいてくれたらなアーといつも悲しんでおります。私は父をもっている人を見るとあの人はいいなアー、私にも父がいてくれたらといつも心で思っています。でも口に出すことは出来ない。父は国のために死んでいったのだと私は自分の心を自分でなぐさめています。〔…〕父ちゃんに会って一度でもいいから「父ちゃん」と呼んでみたい。

昨日まで良い天気だったのに今日はどうしたことか天気が悪く汽船は欠航するのじゃないかと不安になりながら準備をしていた。〔…〕私はふっとこんなことをおもいついた。昨日まであんなによい天気だったのに今日はどうしたことかひどく荒れたので不思議でたまらなかった。ああわかった。父が死ぬ時ひどい目に会ったので父と会う日はこんなに荒れたんだ、父は私たちにさとらせるためにと思った。

（『第四集』、福江市、女子）

これらの文章を読むと「靖国で父と対面」というのは遺児参拝の建前で、ほんとうの子どもの気持ちは、「東京ってどんなところ?」「着くまでの車窓の景色は?」など、旅の期待と不安が大きかったのではないかと思う。また父との対面という建前よりも「親のいない哀しさ」や「母や祖父母との戦後の生活の苦しさ」など心の底からこみ上げてくる思いがあったのだろう。

わずかに描かれた被爆の様子（長崎）

次に『文集』には被爆地長崎の実態や様子がどう書かれているかだ。『第一集』〜『第六集』の六冊をコピーしたが、著作権の関係でコピーは一度に最大で本の半分しかできないので、全部を読んだわけではないが、あまり「原爆」や「被爆」の話は出てこない。原爆の被害を子どもたちは目撃しているはずだし、子ども自身や家族が原爆の被害にあっていると思われるが、私が読んだ範囲では数少なかった。しかし、長崎（五島）の子どもの文章で「おとうさんは目を広島の原子ばくだんでやられた」と書いているのに驚いた。以下被爆についての記述である（四番目の文章は空襲か原爆投下か不明）。

誰か一人として忘れ得ようか。昭和二十年八月九日原子爆弾投下の日を。一瞬にして人類の平和を乱し人々のあまりにもみじめな姿を。住いし泉《（ママ）》は焼かれ父を失い後に残った僕達。母と子に残されたものは一体何が有ったのでしょうか。唯汗と涙の十三年。

（『第四集』五島・有川町、男子）

ぼくは二十年八月三十一日に生まれた。その時戦争はもう終わっていたそうです。僕のおとうさんは目を広島の原子ばくだんでやられたそうです。その時はもう戦争が終わってたべものがなくて非常に不便だったとお母さんからききました。そしてぼくを今までそだてててくるのにも大変苦労したよ、とおしえてくれました。

（『第四集』上五島町、男子）

父は軍人で戦争の時長崎で造船所で働いていた。そして終戦ま近かの原爆のために死んでいったのだ。

（『第五集』長崎市・土井首中、男子）

お父さんが戦地に立たれる時は、小さな赤んぼうでした。戦争中は、母の背におわれて逃げまわり、また田舎に疎開し、悲しいめにあいました。

（『第五集』長崎市・海星中、男子）

なぜ長崎県では被爆についての記述が少ないか、その理由はいくつか考えられる。長崎の『文集』では、子どもの作文のタイトルが「靖国の父を訪ねて」「靖国神社参拝」と決まっていた。この制約は子どもたちに自由な発想で作文を書くことを抑圧する。また『文集』は長崎県民政労働部生活課の発行で、この課は戦死者遺族の援護関係の部署である。参拝行事の引率者も長崎県は県職員、地方自治体職員で、行政主導ということだろうか。このような『文集』の性格が原爆被害の記述を少なくさせたのかもしれない。

国の危機に際して、一身をなげすてて、国を守ることは、国民の義務であります。みなさんのお父さんは、立派にこのつとめ、義務を果たされたのであります。（『第一集』壮行式での西岡竹次郎長崎県知事の挨拶）

戦死した父の記憶・家族の戦後（広島）

続いて広島の『文集』を読んでいく。広島の場合、文集の発行者は広島県遺族会で、作文のタイトルは自由である。「遺児参拝」の枠組みは長崎の場合と同じなのだが、これらのことが感想文に多様さを持たせたと思われる（以下の引用にあたっては感想文のタイトルを最初に付けておく）。なお『第一集』は文書の劣化が激しく、複写は許されず、写真撮影のみだった。『第二集』は二度に分けて、全文複写ができた。

母も失って

始めて行く東京、靖国神社、どんな所だろう。お父さんさえ生きていて下されば……お母さんだけでも生きていて下さればと考えた。……可愛いそうな自分、妹……いやこんな事を考えてはいけない、もっと強くいきなければと考えた。

（『第一集』芦品郡・山内北中学、男子）

シルエットの父

私の父が戦死したのは、終戦の六月であるが、その間で、父と生活したのは、私が数え年五つの時、わずか半年ほど一緒にいただけである。私は父の顔をよくおぼえていない。唯やさしい立派な父であった、と云う事をおぼろげながら記憶している。〔…〕終戦になって、お友達のお父さんはどんどん帰ってこられるのに、私の父はお帰りにならない。「なぜ●●のお父ちゃんは帰ってこないの……隣の〇〇ちゃんの所も、××ちゃんの所も帰ってきちゃったのに。」と毎日毎日母をこまらせたものだった。そんな時、一番困る母の顔は、いつも今にも涙が出そうな顔だった。毎日駅頭に出て、父の姿を母と二人で探しもとめたものだった。（『第二集』広島市・広島女子商、女子）

父に会う喜び

私の父は、私が生まれてすぐに出征されました。私は、自分の父の顔もしらずに、ただ写真を見ただけです。私の父が戦死されたのは、二十年四月二十四日です。遺骨が帰った時、田舎の祖母さんが「●ちゃん、お父さんがお帰りになりましたよ。」と言われ、私は遊んでいたのも忘れ、その言葉がうれしさに家にかけこみました。家にはいったらその喜びは飛びさったように、悲しさにふるえて小さかった私はその場所で座りこみ、大声をあげて泣きました。母はふるえながらこの私をだきしめて、「なかないのよ」といわれても私は泣きつづけました。

（『第二集』広島市・国泰寺中学、男子）

忍耐と努力で

母は父からの電報を受けるなり、生まれて七ヶ月の妹を背負い数え年四才とはいえ、三才にもならない私の手を引いて、あの西練兵場（＊爆心地で原爆の直撃を受けた。）に行ったあの時の事をうすうす思い出させて、あの時「お父ちゃんはね、遠くの戦争に行って●●ちゃんが七つになったら帰るからね」と私の手をしっかり握って「おりこうにして大きく大きくなるんだよ」とお菓子の乏しいあの頃、隊でもらわれたコンペイトウの袋を、私に呉れ、「おお●●●よ、大きくなれよ」とさも虫の知らしたらしく、今思い出して見るのにただいい子で大きくなれ、だけで待っていてくれの言葉がなかったようでした。丁度七つの年の二月六日父は、白木の箱で●●の許へ帰ってこられました。

（『第二集』呉市・東畑中学、女子）

心と心との対面

あーお父様とは、私がお呼びするだけなのかしら、今日まで、お父様がないと言って泣きませんでした。又泣く程さみしく思った事もありませんでした。しかし、この時ばかりは、二度とない悲しい寂しさを感じました。これは姿も声もない対面とは百も承知のはずでしたが、何故か、姿のあるお父様を想像していたからです。それ故、今日の対面が、寂しくてものたりなく残念でした。今までの気持は何処へやら、咽がつまり、目の前が眩む程でした。

（『第二集』広島市・幟町中学、女子）

ああお父さん!!

父は、靖国神社に居ると言われても、居るとは思わない。父は沖縄で戦死しました。私は、どこまでも、父は沖縄の海岸に眠っていると思う。父の沖縄からの最後の手紙を、母に読んでもらった時、日頃泣いたことがない私が、母と一緒に泣いてしまいました。父と別れた九、十年という長い間、女一つの手で不自由もせず、成長した私は幸福だと思う。

（『第二集』福山市・城南中学、女子）

被爆地広島の思い

原爆投下の記憶や被爆体験を記述した文章は長崎より多いが、参加人数八二一人からすると多いとは言えない。原爆被害の体験を子どもたちが書こうとした時、乗り越えなければならない障害がいくつもあったのだろう。『第二集』は市公文書館以外に広島大学原爆放射線医科学研究所にも所蔵されていて、その文献リストには「広島県戦没者遺児靖国神社参拝（広島県遺族会、一九五四年一一月実施）に参加した遺児たちの感想文集、広島の原爆により、父や兄を奪われた遺児九名の感想文も収録、そのうち一名〔…〕は家族と共に自分も被爆」と紹介されている。

二度目の参拝

お父さんは二才の時に出征されました。そして三才の時に戦死され、今日まで十余年という月日がたちました。〔…〕お父さんのお顔もはっきりわかりません。何より大切にしていたお父さんの写真まで原爆のためにうばわれてしまいました。

（『第一集』広島市・国泰寺中学、女子）

遺言を胸に

お父様が広島の原爆で戦死なさってから、もう九年たちました。お母さんと僕達三人の子供が、さみしく暮らしていました。お父さんはそれを靖国神社から見ておられるのです。

（『第一集』広島市・観音中学、男子）

原爆のいけにえの父に

おそろしい原爆のために、大きな助けをもとめる悲鳴をあげながら、二度と帰らぬ人となった父、苦しんだと言う姿がすぐ私の目にはっきりと見えたようでした。

（『第一集』加茂郡・志和堀村、男子）

又会う日まで

十一月十八日、靖国神社参拝の日が来た。〔…〕黙禱をささげると、優しかったお父さんの、顔が浮かんでくる。軍服に包まれた、いさましい姿が思い出される。ああいいなあーと、思ったのは父がいた時だけだった。忘れもしない、八月六日、原子爆弾が私達の上に落ちた。其の日から僕と、母と、妹との三人の苦労は続いたのだ。戦争あった為のつらい悲しい思いは、身にしみこんだ。こんな思いはもう僕らで十分だ。

もう二度と戦争のない、明るい平和な国になる様に、これが僕らの願いなんだ。故郷に待っている、母、妹の顔がふと浮かんだ。お父さん、大きくなったら、又会いに来ます。その日までさようなら。

（『第二集』広島市・中広中学校、男子）

原爆の父を訪ねて

私の父は、昭和二十年八月十九日市内基町の第六部隊で戦死しました。弟が五月の終わり頃亡くなった時には、大変元気なお姿を見せて下さったのに、三月とたたない内に、あの小さな白木の箱におさまるお骨の悲しいお姿でお帰りになるとは、誰が想像したことでしょう。八月六日の原子ばくだんから後、父の身を案じ、ずっと探しつづけ、やっと探しあてたと思った時には、もう父はこの世の人ではなかったのです。あの小さな白木の箱が母の目に映った時、一体母の心中がどんなでしたでしょう。私はその頃小さくて母の悲しみの万分の一も知ることは出来ませんでした。そして父の死もそれほど悲しいものだと思いませんでした。しかし、小学校に入ってから、参観日の時などお友達のお父様がいらっしゃってるのをみると、私のお父さんはなぜあんなに早く死んでしまったのだろう、と思うことがたびたびでした。しかし、近頃はいくら考えてもなくなってしまったものは仕方がないとあきらめるようになりました。

（『第二集』広島市・清心中学校、女子）

雨の靖国

東京は大雨、うるさいのも忘れてまず最初に父の九年間も睡っている靖国神社へ行きました。〔…〕そこに父達がねむっているのです。私は父が目をあけ話しているような気持ちがしました。自然と眼が熱くなり涙が出て父の顔がうかびません。九年前の広島の原爆で死んだ父の顔は出ません。長い年月の事を思い出して父に知らせました。涙があとからあとから出て来ます。

（『第二集』呉市・警固屋中学校、女子）

父の遺言を守って

翌朝九時に東京駅に着きました。待望の靖国神社へついた時はなんともいえないほどでした。そして真っ先に「●です。僕もこんなに大きくなりました。お父さんの遺書を無にせず、兄弟仲良く勉強に仕事に精出しています。×兄さんは、あの戦争中、広島に投下された原子爆弾のために亡くなられました。」これまでお話ししたが、それ以上は山程沢山あっても、感慨無量で言葉がだせなくなりました。〔…〕

（『第二集』安佐郡・安佐中学校、男子）

父は神だったのだ

今より九年前の事、昭和二十年の八月の夏の朝、僕はよく眠っていた。父は僕をゆすりおこして「●●や、お父さんは出て行くよ。元気で居れよ」と元気な声で言った。僕は「うん」といったのが最後の言葉であった。父はあのおそろしい原爆にやられてしまったのだ。僕はその時六歳の小さな父無し子になってしまった。

（『第二集』賀茂郡・賀茂川中学校、男子）

山と海の教え

僕の父は、広島の原爆のために亡くなったのです。その公報を受け取った時、母や祖母が泣いていましたが、幼い僕は、わけがわからず目を赤くはらし悲しみにくれている母の顔を、ただぼんやりとながめていたのでした。思えば、外で砂遊びしていた時鉄かぶとを背に、軍服を着た父が頭をなでて下さったのが、はかない最後でした。

（『第二集』賀茂郡・竹原中学校、男子）

父母をなくして

私が五才の時戦争で父も母も死んでしまいました。其れはあの恐ろしい広島の原子爆弾の為であります。私達兄弟は、祖母に連れられて比和に帰った其の矢先の事で、其の時の私は、今考えて見ますと、一緒に私も死ねばよかったと考えたものであります。〔…〕又時には親無し子だと友達にからかわれたり、友達の仲間に入れてくれなかったりしたので泣いて帰ると、祖母は其の度毎に、私を元気づけてくれました。父母はなくても心の美しい祖母によって、育てられてきたのであります。〔…〕

（『第二集』比婆郡・比和中学校、男子）

お父さん待っていたでしょう

〔＊父が〕帰って三日目の朝家の上をＢ二九が通った。茶わんを手にしていた父は顔色を変えて外に飛び出し、「ＢだＢだ」とあわてておられた。そのあくる日、私の家へ赤い紙がきた。父はごはんもそこそこに兵服にきかえ、長い剣をつり下げて家を出られた。家族は皆、見送に出た。父は私をだき上げて、背おい長い足で槇が峠まで来て私をおろし、「もういいからお母さんといっしょ帰ってくれ」と何度もいいきかされて、ようやく「さよなら」と大きい声で見送ったのでした。その数日後の八月三日に弟が生まれ、八月六日広島に原子ばくだんがおちて、父さんは最初のぎせい者として立派に死をとげられたのです。

（『第二集』比婆郡・八幡中学校、女子）

ただ目がかすんで

私の父は昭和二十年八月六日に、広島の原子爆弾でたおれてしまった。その時私は六才妹は三才、母と三人ぐらし、父が兵隊に出られる時は「●●よいこをしてまってるのだよ、おとうさんは、元気ですぐに帰ってくるから」といって出ていってしまった。それからまもなくこの世を去ってしまわれた。

（『第二集』比婆郡・帝釈中学校、女子）

鳩を見つめて

僕達は呉の大くうしゅうで丸焼けになったのです。その秋●●ちゃんは骨の病気で死にました。根野に疎開をして苦しい日もありました。今は広島の国泰寺にいるのです。もう一年余りしたら、高校受験です。しっかりやってどうしてもパスします。

次々話しかけても父からの返事はない。〔…〕父の戦死は本当に日本のために役立ったのであろうか。役に立たないにしても父は戦争のために死んだのだ。戦争さえなかったら――。元気のよかったスポーツマンだった父はまだまだ丈夫で働いているだろうに。

（『第二集』広島市・国泰寺中学、男子）

『第一集』は編集を葛原しげるに委嘱された。葛原しげる（一八八六〜一九六一年）は童謡詩人、童謡作詞家、童話作家、教育者で、代表作としてよく知られる作品に童謡「夕日」がある。彼の編集後記「靖国の子を編みて」には、「たまたま、既に『原爆の子』があり、『基地の子』もある現代日本になくてはならぬ『靖国の子』が、今にして出る事をよろこぶ」とある。これが端的に表現された「靖国神社遺児参拝の枠組み」であると思う。その葛原は追記で、「日露役で兄を、大東亜戦役に長男と次男ささげた」と書いている。その心中は複雑であっただろうと推測する。

『第二集』の「編集を終えて」（編集は他の人に代わったようだ）では、「幼い心に、再軍備論に脅えたり、父のない子が就職に阻まれていることに憤りを感じたりするあたりは、余りにもいたいたしさを覚え、又、大人の一人である編者自身が、強く叱られている如くにも感じさせられた。／私は、この一編が、これからどんな波紋を描いていくだろうかに大きな期待を抱く。これがたとえこの子達の生涯の間でなくてでもある」と書かれている。

この後、五五年八月には第一回原水爆禁止世界大会が開かれる。原水爆禁止運動と遺族会運動とがどのように交錯したのか、六〇年代の靖国神社国家護持運動とも関わって興味のあるところだ。私もまた靖国神社遺児参拝の体験者であり、『文集』の子どもたちとはビキニの水爆実験や第五福竜丸事件、放射能雨の恐怖をともに体験した同世代である。このように広島・長崎の『文集』にたどり着けたことは幸せだった。

2 動員学徒と遺族等援護法適用・靖国合祀[*1]

ここでは動員学徒への戦傷病者戦没者遺族等援護法（以下、遺族等援護法）の適用・靖国合祀について、全国的な動きに触れるとともに、広島・長崎の場合を考えていく。

動員学徒の被災

第二次世界大戦中に中学生以上の学徒は工場や食糧増産、建物疎開作業等に動員された。それを学徒動員という。三八年四月に国家総動員法が公布され、文部省（現・文部科学省）は中学以上の学校に対して集団的勤労作業の実施を指令し、四一年には学校報国隊を組織して勤労動員が行われた。四三年六月に学徒戦時動員体制確立要綱が閣議決定され、以後本格的に学徒動員が実施された。四四年には動員はさらに強化され、原則として通年動員の体制となり、同年八月には学徒勤労令が公布された。四五年の春には国民学校初等科以外の授業は原則として停止され、全学徒は本土決戦体制に総動員された。同年五月、戦時教育令により教育の決戦体制をさらに法制化して敗戦にいたった。

〔学徒は一九四四年〕四月半ば頃から続々と軍需工場や農村へ動員された。〔…〕学徒の動員数は昭和二十年三月において、大学・高専一八万人、中等学校一六三万人、国民学校高等科一六〇万人、計三四一万人に達し、その動員率は六九%を占めるに至った。(『財団法人 学徒援護会二十五年史』一九七二年)

手元に宮原周治編『あしあと』(動員学徒援護会、一九六〇年)があり、以下の六編から構成されている。最初の手記は明治大学法科に在学中に日本窯業に動員された学生の母宛の書簡で、この後彼は過労により肋膜炎を起こし、一九歳で死亡した。また沖縄県立第二高等女学校在学中に動員された女性は、白梅看護隊(原書では「白桜看護隊」と誤記。関千枝子さんの御教示)に参加し、米軍の火炎放射を受け、女子学徒看護隊のほとんどは壕の中で亡くなったが、彼女は奇跡的に助かった。さらに広島市進徳女学校三学年在学中に広

＊1　この節は、「反天皇制市民1700」誌連載中に関千枝子さんから受けた指摘をもとに改稿した。関さんにはあらためて謝意を表したい。

島市中央郵便局に交換手として動員された女性は、勤務中に被爆し、重度の障害を受けた。続いて東京都豊島区第二高等小学校卒業と同時に東京都第一陸軍造兵廠に動員された青年の「命の破片　その折々」と名付けられた短歌集だ。彼は作業中、胸部打撲が原因で結核になり、敗戦後に死亡した。次に豊橋市松操高等女学校の教員であった時に学徒動員業務に従事し、米軍の空襲にあった工場動員学徒の惨状を詳細に記録した手記がある。最後は中学一年の息子を原爆で亡くした母親の手記で「あしあと」と題され、この本のほぼ半分をしめる。原爆投下の日の朝、元気に家を出ていき、帰ってこなかった息子への哀惜をこめた手記で、胸が熱くなる。

この母親の文章には、原爆投下前日の夜、屋根の上で星空をふたりで眺めながら語り合う場面がある。息子は「どうして戦争なんか起こるでしょうか。止めてほしいなあ。日本に無いものはアメリカから送ってもらい、フィリピンに無い物は日本から送ってやり、世界中が仲良くゆかんものかしら」。「僕は不思議でたまらない。どうして日本人は、天皇陛下の御為に死なねばならないのですか。僕は天皇陛下の御為に死に度うないよ。何時までも、何時までも生きていて、お父さんお母さんに親孝行をしたいと思うけど、そう思う心は非国民でしょうか」と語る。この部分を読んで、さまざまな思い出を残して、戦争で死んでいった肉親に抱く気持ちは同じだと思った。なおこの文章は後に単行本化された（藤野としえ『追憶の便り——ヒロシマで逝ったわが子へ』未來社、一九七九年）。

遺族等援護法の動員学徒への適用と靖国合祀

戦争中に学徒動員で犠牲になった学徒への保障はなかった。広島・長崎で建物疎開作業や工場動員等で被爆した学徒を準軍属に認定させ、遺族年金を保障させようとする運動は五五年頃から始まった。遺族等援護法の改正運動の過程で、広島や長崎では動員学徒犠牲者の会が結成された。全国各地でも同様の会ができ、全国的には動員学徒援護会が遺族年金や障害年金の交付のための運動を行った。以下は動員学徒にも遺族等援護法が適用される経過である（田中宏「国家は遺族にどう補償したか」、田中伸尚・田中宏・波田永実『遺族と戦後』岩波新書、一九九五年による）。

五三年八月、政府は恩給法改正を公布し、軍人恩給の復活がはかられた。これによって、それまで遺族等援護法の対象になっていた軍人・軍属の大部分が恩給法の対象に移行し、遺族等援護法のほうは従来補償の対象とされなかった人々にその適用範囲を拡大していき、動員学徒も準軍属と位置づけられた。

被爆者については放射線障害の特殊性に注目し、五七年三月にようやく原子爆弾被爆者の医療等に関する法律が制定された。しかし、それは被爆生存者の医療について対処するのみで、被爆死した者の遺族および障害を負った者などへの年金や手当などは何も盛りこまれなかった。六八年五月に被爆者についての二番目の法律、原子爆弾被爆者に対する特別措置に関する法律が制定されたが、そこでも健康管理手当や医療特別手当などは設けられたが、死没者の遺族に対する年金や弔慰金の支給はふくまれなかった。

五〇年代後半に行われたもう一つの拡充は、五八年五月の遺族等援護法の改正により、従来は弔慰金のみだった準軍属について、障害年金や遺族給与金が支給されるようになった。当初は軍人軍属の半額のみだったが、徐々に改善され、七三年七月改正で同額になった。

動員学徒にも遺族等援護法を適用させる運動については、広島県動員学徒犠牲者の会編『動員学徒誌』(一九六八年)、『動員学徒誌続編』(一九七二年)、『戦後三十年の歩み』(一九七五年)、長崎県動員学徒犠牲者の会編『生き残りたる吾等集ひて』(一九七二年)に詳しく書かれている。

陳情書

準軍属(動員学徒、女子挺身隊、国民義勇隊、徴用工)の遺族及び障害者の国家処遇については年々ご配慮を辱うしているが吾々の希望する域に達しないことは遺憾であります。就いては昭和四十七年度予算には次の事項を是非実現する様配慮賜わりたく陳情いたします。

一、遺族給付金を軍属と同額にされたい。

一、障害者年金もこれに準じて増額されたい。〔…〕

右陳情します。

昭和四十六（一九七一）年九月二十日　広島県動員学徒犠牲者の会　会長　大東和徳雄

（『動員学徒誌続編』）

長崎県立図書館には藤野文庫があり、藤野繁雄が参議院議員だった時に収集した「昭和三十四（一九五九）年九月　軍人恩給・動員学徒・遺族等援護法関係資料」が保存されていた。この時期に軍人恩給と遺族等援護法の拡充を求めた運動が国会に向けて行われていたことが分かる。軍人恩給失権者復権議員協議会、旧軍人関係恩給権擁護全国連合会、大東亜戦争戦没学徒慰霊顕彰祭実行委員会、動員学徒援護会、自由民主党広島県支部連合会、日本遺族会等の名前が並び、その運動は保守系の運動だった。

しかし戦没者・戦傷病者の場合、遺族等援護法が適用されることは靖国神社に合祀されることに直結したから、動員学徒が準軍属として遺族等援護法に適用されることも同様に靖国合祀につながった。[*2]

靖国神社合祀　動員学徒は昭和三十八年（一九六三年）曽て国難に殉じた人々と共に靖国神社に合祀され国の守護神として国民の崇敬の的となっていることは吾々遺族にとってこの上もない喜びとする処である。若桜、若き白百合として蕾のうちに散り果てた学徒は祭神として最も年少であると思う。吾々は上京の機会ある毎に靖国神社にて参拝していたものであるが吾が子がこのみ社深く奉斎されているかと思うと落涙禁じ難いものを覚え神と祭られて最上の処遇に心から感謝せざるをを得ない。（『動員学徒誌』）

沖縄においては沖縄戦の犠牲になった住民、壕から日本軍に追い出された人々等、それも幼児までが「陸軍又は海軍の要請に基く戦闘参加者」として準軍属に位置づけられ、遺族等援護法適用と靖国合祀が行われた。この問題点については石原昌家『援護法で知る沖縄戦認識――捏造された「真実」と靖国神社合祀』（凱風社、二〇一六年）に詳しく書かれている。このように準軍属の遺族等援護法適用拡大はさまざまな問題をはらんでおり、靖国合祀はすべての遺族の願いではなかった。

今後の課題

以前から知りたかったことに沖縄における靖国神社遺児集団参拝がある。それで沖縄における靖国神社合祀取消訴訟の元弁護団長の丹羽雅雄弁護士に問い合わせ、「原告ら第三準備書面　沖縄における合祀と援護法適用の実態」を送っていただいた。それによると『沖縄県遺族会十年の歩み』に掲載された五三年六月九日の計画書では、将来計画として「靖国参拝」が掲げられ、そのなかで「年二回大祭に琉球の遺族並びに遺児を参拝せしめると共に之に要する経費の補助をなす」とされている。また準備書面の「遺族らの靖国神

＊2　編集部注――二〇〇七年の通常国会（第一六六回）で安倍首相は、旧厚生省が八七年三月までは靖国神社に対し、「戦没者遺族援護事務等の一環として旧陸海軍に関する人事資料等」について「文書で回答」してきたと答弁、事実上の情報提供（＝便宜供与）を行ってきたことを明らかにした。

社への団体参拝の開始」の項に「琉球県遺族連合会は、援護法適用開始と同時期、一九五三年一〇月の靖国神社秋季例大祭のため、初めて遺族代表の団体参拝を実施した。これ以降、毎年春秋の例大祭には、沖縄から団体参拝が行われるようになった。また、この団体参拝の開始と併せ、同会が日本遺族会の一支部として加入が承認され、日本遺族会の一翼を担うことになった」とある。このことから復帰前から沖縄県遺族連合会の取り組みとして親の参拝と一緒に遺児の靖国参拝がなされた可能性があるが、これは今後の調査課題であり、一度沖縄まで調査に行きたいと考えている。

第5章

遺児集団参拝と記憶の再生・継承

靖国神社参拝「遺族の顔」

五〇年代の靖国神社参拝の様子を伝えた『毎日グラフ』(五二年四月二〇日号)を入手した。内容は以下の通りだ。

靖国神社に各地から集まった「遺族の顔」

この日も、靖国神社の境内は地方から上京した戦没者遺家族の団体で埋まっていた。
三月下旬は、靖国詣での特別列車が仕立てられて、毎日十県余りの集団が、靖国の鳥

昇殿参拝では ハンカチを目に当てる人も少くない 息子を失った母親たちに多い

「戦死した息子は あなたと同い年」 こういわれて無事復員した記者は辛かった

父親を覚えていない遺児たちの団体が 靖国境内の遺族会館で無心に眠っていた

長途の旅疲れか 「いや くたびれちゃいない」と答えるが 隠せない疲れた顔

遺族の顔

この人たちには靖国神社は永久に神聖である

この日も、靖国神社の境内は地方から上京した戦没者遺家族の団体で埋まっていた。三月下旬は、靖国詣での特別列車が仕立てられて、毎日十県余りの集団が、靖国の鳥居をくぐった。次から次から、何百人かの群が――。日に何千人かの人たちが――。父を、夫を、息子を、兄弟を、戦争で奪われた遺族たち。その人数の多さが、戦死者の多さを想わせる。戦争は、何とたくさんの市民たちを戦場で殺したことか。

遺族の多くは、紋付や古モーニングなど、黒っぽい服装をしている。その集団から、暗いカゲリが漂うのは、そのためばかりではあるまい。この人たちの表情そのものが、暗いのである。その肩が、脱力した疲労の形を示しているのである。その歩みが、頼りなげに侘しいのである。そして、その集団には、喪失感が、何かあるべきものを失った空しさが、体臭となって匂うのだ。故郷の家では、立派に社会人としての暮らしを立てている人たちであろう。が、遺族として、団体で靖国神社に足を踏み入れた時、この人たちは、失ったものを改めて想うとともに、げっそりと疲れの色を見せる。この喪失感は、一生彼らから去らない。彼らが永久に背負わなくてはならない重荷なのだ。いや、この人たちばかりに限らない。日本人全体が、いつまでも忘れることのできない喪失感なのではあるまいか。

During the latter part of March, special trains from all over the country carried people to the Yasukuni Shrine, Tokyo. Group after group visited the shrine dedicated to the war dead.

『毎日グラフ』38号（1952年４月20日）の誌面

居をくぐった。次から次から、何百人かの群が——。日に何千人かの人たちが——。父を、夫を、息子を、兄弟を、戦争で奪われた遺族たち。その人数の多さが、戦死者の多さを想わせる。戦争は、何とたくさんの市民たちを戦場で殺したことか。

遺族の多くは、紋付や古モーニングなど、黒っぽい服装をしている。その集団から、暗いカゲリが漂うのは、そのためばかりではあるまい。この人たちの表情そのものが、暗いのである。その肩が、脱力した疲労の形を示しているのである。その歩みが、頼りなげに侘しいのである。そして、その集団には、喪失惑が、何かあるべきものを失った空しさが、体臭となって匂うのだ。故郷の家では、立派に社会人としての暮しを立てている人たちであろう。が、遺族として、団体で靖国神社に足を踏み入れた時、この人たちは、失ったものを改めて想うとともに、げっそりと疲れの色を見せる。この喪失感は、一生彼らから去らない。彼らが永久に背負わなくてはならない重荷なのだ。いや、この人たちばかりに限らない。日本人全体が、いつまでも忘れることのできない喪失感なのではあるまいか。

また、別の週刊誌で宮城県の遺児参拝の写真を見つけた（「日本の断面　靖国神社」『週刊朝日』五六年四月二九日号）。写真には同時代の雰囲気が現れている。以下に写真の説明文

日本の断面
靖国神社
最近，遺児や遺家族の参拝がふえている。その群を見ていると，「こんなに沢山の人が……」と思わざるを得ない。
これは三月三十一日参拝した宮城県の遺児七百八十三名の一部である。（神門付近）　撮影　小久保善吉

『週刊朝日』38号（1956年４月29日）の誌面

を引用する。

最近、遺児や遺家族の参拝がふえている。その群を見ていると、「こんなに沢山の人が……」と思わざるを得ない。これは三月三十一日参拝した宮城県の遺児七百八十三名の一部である（神門付近）。

福井県「遺児靖国神社に参拝」（動画）

福井県のウェブサイトで五〇年代の靖国神社遺児参拝のニュース映画が一般公開されている（http://www.pref.fukui.jp/doc/kouho_/kenseinews16.html）。タイトルは「遺児靖国神社に参拝」（一分五〇秒、五七年七月三日制作）。以下、動画を採録する。

時間	映像	ナレーション
0：00－0：36	タイトル「遺児靖国神社に参拝」。敦賀駅、福井駅での見送り風景、車窓の風景、車中の様子	遺児の靖国神社参拝が今年（一九五七年）も六月六日と一〇日の二回に分かれて行われました。お母さんたちの温かい見送りを受けながら全員元気で上京しました。

0:36-0:44	靖国神社大鳥居	今は神として鎮まる瞼のお父さんに会える感激に身を震わせながら、靖国の大鳥居をくぐりました。
0:45-0:54	激励会、昇殿参拝	県人会の人々や羽根知事の激励を受けた後、いよいよ昇殿参拝です。
0:55-1:07	昇殿参拝	こんなに立派に成長したわが子の姿に、亡くなったお父さんはどんなに喜んでいることでしょう。
1:08-1:35	皇居、羽田空港、国会議事堂	この後、一行はバスを連ねて東京都内を見学しました。
1:35-1:50	帰郷	楽しかった数日、お父さんと対面した喜びは遺児たちにとって生涯忘れることのできない思い出となるでしょう。

なお、この映画は福井県制作の「県政ニュース」（五二〜七三年）として県内の映画館で上映された。福井県広報課によると、遺児参拝の県政ニュースはこのほかに次の二本が作られている。

「遺児靖国神社参拝」（五三年七月一三日）
「遺児靖国の父と対面」（五四年八月二四日）

福井県の県政ニュース映画「遺児 靖国神社に参拝」から

福井県の靖国神社遺児参拝は、五二年五月が最初で、五九年五月を最後に実施され、「この約一万人の中学三年生を主体とした『靖国の父』との対面旅行を全額県費をもって実施した県は、類を見ないものである」(『恒久平和のために 平成のあゆみ』福井県遺族連合会、二〇一〇年)と記されている。

福井県以外でも遺児参拝のニュースフィルムが作られていて、茨城県、愛知県、富山県、京都市の遺児参拝の映画が残っている。その内容は全く同一パターンで、全国的に遺児集団参拝が同じ形で行われていたことを映像で確認することができる。

都道府県の遺児集団参拝

一九五〇年代に全国の都道府県で遺児集団参拝がどのように行われていたかが次の資料から分かる。まず財団法人日本遺族会編集発行の『日本遺族会十五年史』（六二年、以下『十五年史』）、『日本遺族会の四十年』（八七年、以下『四十年史』）の「都道府県支部概況編」から調べ、続いて「靖国文集」（富山県の『のびゆく遺児たち』以外は、『靖国の父を訪ねて』の同じタイトル。以下『靖国文集』）とも重ねた。さらに先に書いた映像記録、各県遺族会の周年記念誌等でその広がりを確かめた。当時の記録が廃棄された可能性を考えると、これだけ多くの遺児参拝の記録が残っていることから、当時実際にはほとんどの都道府県で遺児集団参拝が行われていたのではないかと思われる（表4）。

〈北海道〉
「戦没社遺児一五〇〇人の靖国神社参拝事業の実施」（『四十年史』）
『靖国文集』（北海道遺族連合会、五五年）
〈青森県〉
「県委託事業の一環として（昭和）二十九年度は中学三年生の靖国神社参拝旅費十八万円

が計上され、一人一千円宛百八十人に支給された。此の事業は七年間継続し一千五百名の遺児が参拝した」（『十五年史』）

〈岩手県〉

「特に遺児の靖国神社参拝事業を年次計画で実施する」（『十五年史』）

『靖国文集』（岩手県厚生部世話課・岩手県遺族連合会、五八年）

〈宮城県〉

「（昭和）二九年、県市町村の協力（全額助成）のもと、全県下中学在学遺児の靖国神社参拝が行われ、遺児たちに深い感銘を与えた。この事業は五年間をついやし、三四年に完了した」（『四十年史』）

〈秋田県〉

「（昭和）三二年より五九年に終了するまで、県からの補助により靖国神社参拝を行った遺児、父母、妻は延べ三七〇五人に達した」（『四十年史』）

〈福島県〉

『靖国文集』（福島県、五七、六〇年）

〈茨城県〉

『靖国文集』（茨城県民生労働部世話課、五三、五四、五七、五八、五九、六〇年）

映像記録「遺児靖国神社昇殿参拝す」（「茨城県ニュース」No.8、五二年）

〈千葉県〉

「遺児靖国参拝（県費）」（『十五年史』）

〈神奈川県〉

「本会は県助成によって昭和二七年以降毎年中学三年の遺児の靖国神社参拝、国会等見学、皇居拝観を実施し、昭和三五年までに一万四千四百八十二名の遺児がこれに参加した」（『十五年史』）

〈富山県〉

「（昭和）二六年から三一年まで小学校六年生を対象に靖国団参、のべ七一三九人。感想文集『のびゆく遺児たち』発刊」（『四十年史』）

「県費補助　六一五万六千円、市町村補助　同額」（『富山県遺族会四〇周年記念誌　念力輸岩』（八六年）

『靖国文集』（富山県遺族会、五四年）

映像記録「靖国神社昇殿参拝」（「富山県ニュース」第四号、五三年）

〈福井県〉

「遺児靖国参拝は、一九五二年五月が最初で、一九五九年五月を最後に実施された」「約一万人の中学三年生を主体とした『靖国の父』との対面旅行」（『恒久平和のために　平成のあゆみ』福井県遺族連合会、二〇一〇年）
映像記録「遺児靖国神社参拝」（一九五七年制作）
〈山梨県〉
「（昭和）三〇年一〇月二〇日、県下の小学六年生の遺児を対象に靖国神社参拝を実施。以後三三年まで毎年実施した」（『四十年史』）
〈愛知県〉
映像記録「靖国神社へ」（「県政ニュース」第二一号、五二年）
〈京都府〉
「靖国神社の集団参拝、特に小学六年在学の遺児を市町村の補助金により（昭和）二六年から三二年までに京都市を合わせ約八千名を集団参拝させた」（『十五年史』）＊本書第Ⅰ部第2章参照
映像記録「靖国の遺児東京へ」（「京都ニュース」No.3、五六年夏）
〈大阪府〉
『靖国文集』（第一集、第二集、第三集、第五集、第六集、第九集、第一〇集、第一二集）＊本書第Ⅰ部第1章、第3章参照

表4　全国の靖国文集

都道府県	書名	出版年月	編者	所蔵
北海道	靖国の父を訪ねて	1955年10月	北海道遺族連合会	旭川市図書館
岩手県	靖国の父を訪ねて	1958年3月	岩手県厚生部世話課、岩手県遺族連合会	岩手県立図書館、盛岡市立図書館、花巻市立図書館、三重県平和祈念館、国立国会図書館
福島県	靖国の父を訪ねて	1957年4月	福島県	郡山市図書館
	靖国の父を訪ねて	1960年4月	〃	福島県立図書館
茨城県	靖国の父を訪ねて	1953年3月	茨城県民生労働部世話課	茨城県立図書館、笠間市立図書館、同志社大学図書館、岡山県立図書館、国立国会図書館
	靖国の父を訪ねて 第2集	1954年3月	〃	茨城県立図書館、土浦市立図書館、石岡市立図書館、同志社大学図書館、岡山県立図書館
	靖国の父を訪ねて 昭和31年度	1957年3月	〃	茨城県立図書館、鹿島市立図書館、日立市立図書館、常陸大宮市立図書館

	靖国の父を訪ねて 昭和32年度	1958年3月	〃	茨城県立図書館、日立市立図書館、昭和館
	靖国の父を訪ねて 昭和33年度	1959年3月	〃	茨城県立図書館、土浦市立図書館、鹿島市立図書館、日立市立図書館、常陸大宮市立図書館、昭和館、三重県平和祈念館
	靖国の父を訪ねて 昭和34年度	1960年3月	〃	茨城県立図書館、常陸大宮市立図書館
	靖国の父を訪ねて	不明	〃	土浦市立図書館
富山県	のびゆく遺児たち	1954年3月	富山県遺族会	富山県立図書館、富山市立図書館
大阪府	靖国の父を訪ねて	1953年1月	大阪府遺族連盟	大阪府立図書館、大阪府公文書館
	靖国の父を訪ねて 第2集	1953年9月	〃	岸和田市立図書館、大阪府公文書館
	靖国の父を訪ねて 第3集	1954年3月	〃	岸和田市立図書館
	靖国の父を訪ねて 第5集	1955年3月	〃	大阪府立図書館

	靖国の父を訪ねて第6集	1955年11月	〃	岸和田市立図書館
	靖国の父を訪ねて第9集	1957年3月	〃	遊就館靖国偕行文庫
	靖国の父を訪ねて第10集	1957年10月	大阪府遺族会	〃
	靖国の父を訪ねて第12集	1959年3月	〃	大阪府公文書館
鳥取県	靖国の父をたづねて（第四集）	1955年11月	鳥取県遺族連合会	松岡勲所蔵
島根県	靖国の父を訪ねて	1955年12月	島根県	島根県立図書館
広島県	靖国の父を訪ねて	1954年3月	広島県遺族会	広島市立図書館
	靖国の父を訪ねて	1955年3月	〃	広島市立公文書館、広島大学原爆放射線医科学研究所
長崎県	靖国の父を訪ねて	1955年6月	長崎県	長崎県立図書館
	靖国の父を訪ねて第二集	1956年6月	〃	〃

靖国の父を訪ねて 第三集	1957年1月	〃	〃
靖国の父を訪ねて 第四集	1958年2月	〃	〃
靖国の父を訪ねて 第五集	1959年5月	長崎県民生労働部	〃
靖国の父を訪ねて 第六集	1960年9月	〃	〃

※松永成太郎氏作成の表をもとに補充・補正

〈和歌山県〉
『遺児たちの歩んだ道』（和歌山県遺族連合会、二〇一五年）に遺児参拝に参加しなかった事情を書いた手記（橋本富士子）が収録されている。
〈兵庫県〉
「去る（昭和）三十五年に遺児の靖国神社参拝が終わったので」（『十五年史』）
〈鳥取県〉
『靖国文集』（鳥取県遺族連合会、一九五五年）
〈島根県〉
「昭和二十八年から遺児の靖国神社参拝も県費を以て実施せられ」（『十五年史』）
『いしずえ　戦没者遺族の体験記録』（日本遺族会編、六四年）に「遺児靖国参拝を成就して」（北川美智子）という島根県での遺児参拝を実現した取り組みが書かれている。
『靖国文集』（島根県、五五年）
〈岡山県〉
「父恋し九段の社に二千数百名が亡き父と対面」「当連盟年中行事中の最大の行事である遺児靖神社団体参拝は今春も例年の如く県下小学校六年本春卒業遺児を対象として県費助成一八〇万円と各市町村費をもって、県婦人児童課、遺族連盟の共催の下に行われた（第

一次：五四年四月四〜八日、第二次：四月六〜一〇日）」（岡山県遺族連盟『遺族三十年の軌跡』七七年）

〈広島県〉

「遺児団参の行事は県市町村の助成により（昭和）二十八年八月、七百名を送り出してから六ヵ年連続」（『十五年史』）

〈徳島県〉

『靖国文集』（第一集、第二集）＊本書第Ⅰ部第4章参照

「靖国神社参拝について、本会は昭和二十六年度から県費補助の委託等により、遺児を主として、一般遺族を従として実施してきたが、昭和三十五年度を以て遺児中学生の参拝は一応打ち切りとし〔…〕」（『十五年史』）

〈高知県〉

「県の補助によって、（昭和）三〇年より五か年間、小学校六年生を対象に毎年一〇〇人前後の遺児を靖国の社頭で瞼の父と対面させた。その引率を婦人部幹部役員が担当した」（『四十年史』）

〈福岡県〉

「昭和二十八年より八年間継続遺児の靖国神社参拝を実施」（『十五年史』）

第一回　五三年七月二六〜三一日　約一〇〇〇人参加
第二回　五四年八月二六〜三一日
第三回　五五年八月二二〜二七日
第五回　五七年八月五日
第六回　五八年七月二八日
第七回　五九年八月二日
第九回　六一年八月二〇日
※第四回については記述なし
（福岡県遺族連合会『福岡県戦没遺族の五十年』九五年）

〈長崎県〉
『靖国文集』（第一集〜第六集）＊本書第Ⅰ部第4章参照

〈熊本県〉
遺児参拝時の出欠席の取り扱いについて、文部省への照会と回答文書が残っている。また個人のブログに小学生時の遺児参拝の思い出が掲載されている（「子供時代の靖国神社参拝」『新つれづれ日記』）。

〈宮崎県〉

「靖国神社参拝遺児決まる　例年行われる宮崎県の戦没者遺児代表靖国神社団体参拝参加者は本年度分は、五月二十九日付で次の遺児に決定した旨県から通知がありました。出発は七月二十三日の予定です」（「日向市広報」五八年六月一〇日）。「光町広報」（五九年一〇月一五日）にも同様の告知あり。

市町村の遺児集団参拝

五〇年代に全国的に靖国神社遺児集団参拝が進められているなか、市町村レベルでも遺児参拝が取り組まれていた。第2章で取り上げた京都市の遺児参拝、宇治市・舞鶴市等四市連合の遺児参拝がその例である。最近では市町村広報がウェブ上にアップされていて検索可能であるので、いくつか挙げる。

「靖国の父に対面　姫路市内の遺児全部」（「広報ひめじ」第五六号、五二年九月一〇日）
「靖国神社参拝について（作文）」（同第五八号、五二年一〇月一〇日）
「今年も靖国へ　姫路の遺児参拝」（同第一〇六号、五四年八月一〇日）
「靖国の父と対面して（作文）」（同第一〇八号、五四年九月一日）

「靖国神社参拝」

例年行われる戦没者遺児の靖国神社参拝は、去る二十一日、市福祉事務所池田次長引率の下、九十七名が参加し、今日亡き父に心の対面をし、二十六日全員無事帰省した。（「伊万里市広報」第三二号、五六年一二月一〇日）

「靖国神社参拝」（「伊万里市広報」第四一号、五七年九月一〇日）

「戦没者遺児　靖国神社参拝」

八月二十二日市内の戦没者遺児の靖国神社参拝を実施した。参加者は、中学三年生と、小学校五、六年生総員七十一名であった。（「広報ふじ」五六年八月二五日）

私の住む大阪府茨木市の広報には大阪府の遺児参拝に参加した記事が掲載されていた（ウェブでは非公開部分）。

「〝靖国の父と対面〟本市遺児代表四名上京」

本市戦没者遺児代表〔…〕四名は府下代表の二百八十九名の一行と共に靖国神社参拝のため二十五日午後五時十分大阪駅発東京行列車で出発した。（「茨木市広報」二五

号、五二年一一月）

靖国参拝時の国鉄運賃割引をめぐって

保存期間満了になった文書は国立公文書館、地方の公文書館に「歴史的文書」として移管されることになっているが、その保存状態は大変悪い。『監視社会と公文書管理』の著書がある前公文書管理委員会委員の三宅弘弁護士に講演の際に質問したところ、その保存率は二％とのことだった。ＮＨＫ「クローズアップ現代」の「公文書は誰のものか 問われる一四〇〇万件の管理」（二〇一四年一〇月二〇日放送）では、「平成24年度、歴史的資料として重要だとして国立公文書館に移管された公文書は１万件。廃棄された文書は２３１万件に上りました。各省庁が廃棄とした文書が、保存に変更されたケースはほとんどありませんでした」とある。私が調べている五〇年代の靖国遺児参拝に関する公文書をいろいろ手を尽くして見つけることができたのは、大阪府と広島県の遺児参拝に関する公文書の二件のみだった。どちらも県（府）の公文書館所蔵だった。『靖国文集』以外に何も出てこなかった。

五〇年代の遺児参拝への国の関与を調べたが、廃棄されたのかどうか分からないが、国立公文書館では何も文書がなかった。やっと見つかったのが遺児参拝に関して国鉄（当時）の運賃を半額にするという措置をめぐっての国会での論議である。これは国立国会図書館が衆議院・参議院の委員会の記録をデジタル化し、インターネット上で検索もできるシステムを作ったおかげである。これによって国レベルの議論の一端が分かった。

国会ではまず五二年七月三日の衆院文部委員会で「戦没遺児靖国参拝に関する請願」が出され、参拝時の国鉄運賃に関する論議が始まる。同年七月二九日、参院本会議で「戦没者遺族の靖国神社参拝鉄道運賃優待等に関する請願」（委員長報告）がなされる。本格的には同年一二月九日の衆院運輸委員会で議論が行われ、運輸委員会、厚生委員会等で論議が続く。五三年三月一三日の衆院運輸委員会で議員から動議が出され、「戦没者遺族の国鉄運賃に割引に関する件の決議」が採択された。最終的には同年七月一〇日の衆院運輸委員会で「遺族靖国神社参拝時の運賃割引（五割引）の決定」が出る。その政府報告を行ったのは細田吉蔵・政府委員で、発言は次の通りだ。

今回の運賃割引につきましては、この百七十万が一応対象になるわけでございます。すでに割引を実施した一九四四年分までの靖国神社合祀済み戦没者遺族を除き靖国神社参拝旅行に一回限り適用いたすことにいたした次第でございます。〔…〕

それから次に旅客の運賃でございますが、国鉄の鉄道、航路、自動車はもとよりでございますが、私鉄の方も協力を願うことになりまして、〔…〕連絡社線というふうに範囲を拡張いたした次第でございます。〔…〕遺族の数は、戦没者お一人について二人ということにいたしたような次第でございます。

一番問題になりますことは、非常に数が多いわけでございまして、百七十万――もちろんこの百七十万にはまだわからぬ方がたくさんあるわけでございますが、いずれにいたしましても百七十万でお二人ずつということになりますと、三百四十万というこことになるわけでございます。〔…〕そこでこの割引証を出す方法としまして、いろいろ考えました結果、靖国神社の方で一応合祀の通知というものを逐次出すことに相なつておるわけでございます。合祀は一応二十年の十一月に一括合祀という形をとつておるわけでございますが、それをあらためて合祀の通知をはつきり出すわけでございます。さしあたりましては、間もなく約六万というものに合祀の通知を、府県市町村を通して出すわけでございまして、この六万という方を対象にいたしまして割引証を出す、こういつた形にいたしたのでございます。これが今後、本年度におきましてもこれだけでなくて、あるいはさらに靖国神社の事務がはかどりまして、もつとふえるという可能性もあるわけでございますし、また来年度はあるいは十万とか二十万とかいうふうにふえる可能性もあるわけでございます。〔…〕さしあたつては六万人の分の十二万枚をさつそくに出すということにいたしたわけでございます。

割引証は〔…〕国有鉄道で印刷をいたしまして、調整をいたし、先に申しました十二万枚というものを、一括厚生省に渡すわけでございます。厚生省が都道府県を経由いたしまして、市町村に交付いたしまして、市町村長から遺族に配付していただく、こういう方式をとつておるのでございます。〔…〕

このように大量の靖国参拝者（大人）の運賃を五割引にし、子どもの運賃も元来の子ども料金の半額となった。遺族・遺児靖国神社参拝の運賃割引に関する費用は多額になり、国家的な支援をしたことが大変よく分かる。

参拝時の授業出欠席に対する取り扱い

靖国神社遺児参拝に関する国の関わりのもう一つの資料は、参拝時の授業の出欠席の取り扱いについての文部省（当時）の指導である。これについては熊本県教育委員会からの問い合わせに対する文部省の回答がある（文部省初等中等教育局初等中等教育企画課編『教

育委員会月報』五五年一月号、第一法規）。

靖国神社に参拝する遺児団の出欠席の取扱について

照会

熊本県教育長から文部省初等中等教育局長あて（昭二九、一〇、一三付）

標記のことについて左記のとおり疑義がありますので、ご教示くださるよう照会いたします。

記

一　欠席として取り扱うべきか否か、取り扱う場合その理由。

二　父母の祭日として取り扱うべきか否か、取り扱う場合その理由。

回答

文部省初等中等教育局長から熊本県教育長あて（昭二九、一一、二六付）

昭二九年一〇月二三日付教学第五三一三号による照会に対し、下記のとおり回答します。

記

事例の場合、出席簿の記載においては、欠席として取り扱うべきものと解するが、実質的には忌引に準じて、特別の取扱をすることは差支えない。

（担当　財務課　松浦事務官）

なお大阪府教育委員会の場合は、「期間中修学旅行に準じた取扱いをするよう配慮」「欠席とならないよう配慮」することを指示している。一九五六年の参拝時には前記の熊本県教育長への文部省の通知が「別紙」として府教委各出張所・関係各地方教委教育長宛に送付されている。大阪府教委の遺児参拝の出欠席の取り扱いは同趣旨と考えられる。

靖国遺児参拝　戦前・戦後の連続

戦前の靖国神社遺児参拝

靖国神社遺児参拝は戦前から行われていた。それは恩賜財団軍人援護会（一九三八年一〇月に皇室の下賜金によって作られた軍人援護の組織。戦死者の遺族、傷痍軍人ならびに出動軍人の家族等に対する物心両面にわたる援護を行った）が三九年から四三年まで毎年一回、全国の都道府県・外地在住戦死者遺児の靖国神社参拝を実施したものだ。四三年三月の第五回参拝には、全国各地から四八五九名の遺児が参加した。四四年からは戦局の悪化と米軍の空襲の激化で参拝事業は中止された。旅費は軍人援護会がすべて負担し、各都道府県の軍人援護会は児童の参拝の感想文集『社頭の感激』（全都道府県同名のタイトル）を発行し、現在も文集が多く残っている（一ノ瀬俊也『銃後の社会史――戦死者と遺族』吉川弘文館、二〇〇五年、山中恒『靖国の子――教科書・子どもの本に見る靖国神社』大月書店、二〇一四年、斉藤利彦『「誉れの子」と戦争――愛国プロパガンダと子どもたち』中央公論新社、二〇一九年）。

軍人援護会京都支部が四三年に実施した遺児参拝について、二〇一四年八月一五日付の京都新聞は次のように報じた。

「お国のために」見えぬ本心　京都の遺児、集団参拝をつづる

第二次世界大戦中、父親を戦争で亡くした子どもたちが靖国神社を集団で参拝する行事があった。このほど、京都の遺児たちの参拝感想文集が見つかり、京都市学校歴史博物館（下京区）に寄贈された。〔…〕見つかった文集「社頭の感激」は一九四三（昭和一八）年三月に実施された第五回靖国神社参拝時のもの。遺児の田中（旧姓加藤）正子さん（八二）＝大阪府豊中市＝が保管していた。同博物館の企画展「小学校の戦前・戦中・戦後」のチラシに自分が写っている参拝記念写真を見つけ、訪れた縁で寄

贈を申し出た。〔…〕

その加藤正子さんの書いた感想文の一部を引用する。

栗田校　加藤正子　三月二十八日は私たち遺児にとっては嬉しい待ちに待った靖国の父と対面の日でした。この日は朝から身心を清めてお父様のまつられて居られる靖国神社の大鳥居をくぐりました。神主様から此の社の尊さりっぱさなどを聞き又「苦しい時、つらい時は何時もこの御社を思い出しなさい。」と言う事をお聞きしました。お話しがすんで社殿に上り、玉串奉奠をして「お父様、私正子です。お父様お久しぶりでございました。お父様が戦死されましてもう五年もたちました。私はもう四月から六年生になります。お家のお母様も孝も元気です。昨日は、皇后陛下からありがたい御下賜品をたまわりました。私がこんなにしていただきますのもみんなお父様のお陰です。お父様正子はきっとりっぱな人になりお父様の名誉、家の名誉をけがしません。お父様どうぞ正子をお守り下さい。」と父にちかい、頭を上げて御鏡を見ると旗の波に送られて征った父の顔が、姿が御鏡にうつっていました。

戦後の「靖国文集」とまったく同じ内容、文体であること、私が中学三年の時に「靖国文集」に書いた文章と同じであることに驚かされる。また軍人援護会京都支部発行の『社頭の感激』には参拝時の東條英機の「陸軍大臣訓話」が掲載されている。

此の戦争は大人ばかりが戦って簡単にけりが附くような生易しいものではありません。少国民である皆さん方が、米英の少国民に遙かに優る所の、強い精神力を鍛え上げ健全な身体を作り立派な智徳を磨いて、そうして国を背負って戦われることに依り始めて勝ち抜くことが出来るのであります。

今日私が皆さんにお会いした機会に於きまして、皆さんの頭に深く刻んで戴き度いと思うことは、第一には皆さんのお父さんや御一家が如何に多くの御珠遇を、皇室より戴いて居られるかということ、第二には靖国の神となられた皆さんのお父さんが、常に皆さんの立派な御成長を御社の中から見護って下さるということであります。

戦前の遺族援護機構の継承

戦前の遺族援護機構の戦後への継続については、靖国神社合祀事務に典型的に現れている。私も加わった安倍首相靖国参拝違憲訴訟の原告の主張のとおりである。

一九四五年（昭和二〇年）一一月三〇日大本営が廃止され、続いて一二月一日陸・海軍省も廃止となり、陸軍省は第一復員省に、海軍省は第二復員省に改組された。この時点で、靖国神社合祀手続きを担ってきた国家機関が消滅した。しかし、被告国も同靖国神社も「帝国の神祇」の合祀を止める意思はまったくなかった。むしろ合祀を継続するため被告国は、旧陸軍と旧海軍において靖国神社合祀のための調査及び合祀事務に従事していた人材をそれぞれ第一（旧陸軍関係）、第二（旧海軍関係）復員省に転属させ、地方を指揮して合祀未済の者を調査させ、厳しいＧＨＱの目を気にしながらも、「靖国神社未合祀者申告票」を提出させた。（原告第三準備書面、二〇一五年二月）

このことと関連して、中央の戦死者遺族の援護組織は戦前から形を変えて継続された。「一九四六年六月一四日に第一復員省及び第二復員省は総合縮少され、復員庁となり、復員事業と遺族援護業務を担当する」（引揚援護庁〔厚生省〕編『引揚援護の記録』一九五〇年、再刊クレス出版、二〇〇〇年）。

地方組織での継続

戦後の遺児参拝を都道府県で担当したのは民生部世話課である。世話課は戦前の地方連隊区司令部を前身とし、その後都道府県の管轄下に置かれた。京都の公文書を引用するが、実態は全国同様であろう。

昭和二十年十二月一日復員省官制発布により復員業務処理のため京都地方世話部が編成され、旧京都連隊区司令部の業務を継承することになった。〔…〕次いで昭和二十二年五月三日地方自治法の施行により、京都府に編入され民生部に属し世話課と称して今日に至ったが最近（昭和三十年八月八日京都府訓令十五号により）援護課と改称された。（京都府民生部援護課「京都府民生部援護課業務概要」一九五五年一〇月一日）

このように戦前に遺族援護業務を担当した連隊司令部職員が戦後になって民生部世話課に移行し、靖国神社遺児参拝を担当したと考えると、戦前の遺児参拝が組織的に戦後も受け継がれたと言えるだろう。

富山県では遺族同盟の発足準備段階で、戦争未亡人たちが県世話課に設立の相談をしたところ、旧軍人の昔ながらの威張り方に接し、復員将校に遺族会の世話をやらせるつもりであるとの構想を聞かされた。戦争未亡人を見下す県世話部に戦争未亡人たちは腹を立てた。戦争未亡人の現実に目を向けようとしない遺族同盟発起人会にも怒りを爆発させ、分裂寸前の危機になったという（今井勇『戦後日本と反戦・平和と「戦没者」』御茶の水書房、二〇一七年。富山県遺族会編『富山県遺族会四〇周年記念誌　念力徹岩』、一九八六年）。戦前の軍人援護会で遺児参拝に取り組んだ人脈が、戦後の遺児参拝に受け継がれたかどうか、今後さらに調査したい。

靖国集団参拝と記憶の再生

一九五〇年代の政治状況と遺児参拝

靖国神社遺児参拝が行われた一九五〇年代とはどんな時代だったのだろうか。五一年九月にサンフランシスコ講和条約と日米安全保障条約（旧条約）が調印され、五二年四月に発効、連合国による日本占領が終わる。国際的には四九年一〇月に中華人民共和国が成立し、五〇年六月に朝鮮戦争が始まり、五三年七月まで続いた。日本はアメリカからの軍需物資の注文を受け（朝鮮特需）、経済復興を遂げた。このころから、米ソの対立（冷戦）が激化し、アメリカの対日政策が変化する。それまでの民主化政策が変更され、国内的には「逆コース」と言われた反動化が進み、国際的にはソ連・中国等の社会主義圏との冷戦が激化する。そのような国際状況の変化のなかで、アメリカは日米安保の反共軍事同盟化、日本の再軍備化を求めた。後者は、五〇年八月に警察予備隊令公布、五二年一〇月に警察予備隊を保安隊に改組、さらに五四年七月に保安隊を改組し、陸海空軍の自衛隊が発足した。この日本の再軍備化は吉田茂内閣の時代であった。

五二年に靖国神社遺児集団参拝は、「講和発効記念事業の一つとして」（大阪府の実施要綱）始まり、一九六〇年前後に遺児全員の参拝が一巡するまで全国的に行われた。それまでは連合国軍総司令部（GHQ）の目を気にして公然と行われなかった遺児参拝が公然化し、全国都道府県で行われた。全国の参加実数は不明だが、遺児の参加数は大阪府の例で言えば毎年一〇〇〇名規模であった。戦後の遺児参拝数は戦前の遺児参拝数に劣るものではない。五〇年代は日本の再軍備が進められ、ひとつ間違えば日本が他国との戦争へと向かいかねない戦争の危機の時代だった。そうなっていれば、戦争遺児たちは再び銃を持たされ、戦争へ動員されていただろう。靖国神社遺児参拝は遺児たちに父・兄たちを英霊として讃え、その戦死の意味を教唆し、遺児たちの心にそれを刷り込むための全国動員だったと言えるだろう。幸いにも戦争の危機は避けられ、その危惧は回避された。しかし、二〇一〇年代後半の現在の戦争をめぐる安倍政権の政策（集団的自衛権の容認、安保法制の成立）は、一九五〇年代同様、いやそれ以上に戦争の危機を予感させる。

記憶の再生と継承

私が靖国問題と靖国遺児参拝の調査に取り組んで以来、著書等を参照してきたノンフィクションライター田中伸尚は講演で靖国遺児参拝のねらいについて次のように指摘する。

　靖国への遺児参拝運動の凄さは、遺児たちを靖国神社に連れていった後に、感想文を書かせているところです。参拝の際に「国のために亡くなった」父を立派だったという話を宮司から聞かされ、英霊として神になっている父と「対面」させ、その感動を少年少女の軟らかな心に刷り込む。そしてその記憶を数か月後に再び思い起こさせ文字として書かせ、追体験させる。もう一度参拝の感動をそれぞれに刻みつけさせる。明らかに「記憶の継承」運動です。遺児参拝では、銀座など東京見物をするなどいろいろあったみたいですが、それで終わりでなく作文を書かせるというのが、実に見事です。(田中伸尚「靖国をめぐる記憶の『再生』に向けて」、安倍首相靖国参拝違憲訴訟の会・関西「アジアネットワーク通信」第一九号)

私が「靖国文集」(第一二集)を再発見したのは、前にも述べたが、靖国合祀取消訴訟の高裁結審前の二〇一〇年六月だった。それまでこの文集を忘れていたのではなく、それは記憶の奥底に沈潜して、強い拘束力を持っていたと思う。また参拝の感想を書くことで「靖国」が深く刻印されていたと思う。その証拠に私は、母が生きているうちに靖国合祀取消訴訟の参加に踏み切ることができなかった（訴訟参加は母が二〇〇七年三月に九〇歳で亡くなった後の同年八月）。訴訟に踏み切る直前、靖国神社に合祀取消要望書を投函した日、私の子どもの頃から玄関の上に貼られていた「遺族の家」と印刷された真鍮のプレートを外した。そのプレートには「遺族の家　財団法人大阪府遺族会」と書かれてあり、私が成人してからも外さないままだった。これで「解放された」と思った。訴訟に踏み切るには、高校時代に挫折した父の戦死をめぐる母との議論の再開を不可欠とし、私にとっての父の戦死の意味の問い直しが必要だった。

　私には何人か今もつきあっている戦死者遺児の友だちがいる。彼らは当時の遺児参拝のことを今もはっきりと覚えているわけではない。しかし、戦後の生活で苦労した母親のこと、父親のいない寂しかった生活等の記憶をどこかに抱えている。

　中学校・高校時代の友人で、靖国神社遺児参拝に一緒に参加したSは母と戦争について次のように言った。彼の父親は四四年にシベリア抑留された後、四五年九月七日に朝鮮の平壌陸軍病院で戦病死した。彼が小学校に入学した五一年に形通りの葬式をしたと覚えていた。骨も遺品もない葬儀だった。母親は最初Sの叔父と結婚したが、夫は病死し、その弟であった彼の父と再婚し、その父も戦病死という境遇だった。戦後、母親は農業で家族を支え、舅と姑に仕え、彼を育ててきた。Sは定年退職まで小学校の教員を務めた後、保護司を続け、罪を犯し、助けを求める人たちの相談活動を続けてきた。「私が保護司を続けてきたのには、父が戦死し、母が苦労して育ててくれた生育史とどこかで繋がっていると思う」とSは言う。

もう一人、小学校の同級生で、私と同様、父が戦死している桃木次郎君については第Ⅱ部第2章で詳述する。

私は中学校教員を定年退職した後、大学の非常勤講師（教職課程担当）を一五年間務めた。その最後の年に次のような嬉しい出会いがあった。私が講義で「父は中国で戦死した」と話したところ、学生の一人Yが来て、「今年の三月に一〇一歳で亡くなった私の曾祖父はシベリア抑留の体験があったと聞いています」と教えてくれた。私は「詳しい戦歴を知りたいのなら、兵籍簿を取り寄せるといい」と教え、彼は兵籍簿を取り寄せた。一方、私は父のシベリア抑留体験を調べている友人Iと連絡をつけた。

Yと私、Iの三人で会うことになった。Yの曾祖父は二〇一八年三月に亡くなった。Yは曾祖父が大好きで、自然と曾祖父の戦争体験に興味を持った。彼は「私が曾祖父の戦争体験を引き継がなかったら、僕のところでそれが途絶えてしまう」と言う。Yの曾祖父は陸軍の航空整備関係の部署を担当し、四三年八月の広島県宇品港出帆から四六年五月の帰還まで、（シベリアではなく）中国（上海、武昌、海南島）、サイゴン、タイ、シンガポール、インドネシア（ジャカルタ、東ジャワ、チモール島、スラバヤ、フローレス島等）を転戦した。私たちは遅くまで彼の曾祖父の戦争体験について語り合った。

朝鮮戦争を経て、日本が独立した頃、私は小学三年だった。憲法に反する自衛隊の創設、再軍備に向けて動き出した頃、そして遺児参拝に参加した頃の私は思春期だった。私が生まれてから現在までの間はほぼ戦後史と重なり、父の戦死と母の苦労を反芻してきた。またその記憶を意識的に再生することが必要だった。靖国合祀取消訴訟への参加から「靖国文集」の再発見を経て、自分の息子、娘、孫に戦争による哀しみを経験させたくないという思いでこの文章を書き綴ってきた。記憶は曖昧であり、忘却しがちである。当時の記録文書は探しても容易に見つからなかった。意識的に自らの記憶を甦らせ、何度も試行錯誤を繰り返しながら当時の歴史的事実を掘り起こす以外に道はなかった。その記憶の再生の過程で明らかになった事実を次世代にバトンタッチしていかねばならない。あらためて記憶の再生と継承の必要を痛感する。

第Ⅱ部　靖国強制合祀と戦争体験の継承

第1章

靖国神社合祀と安倍首相の靖国参拝

1　父の戦死と強制合祀

忘却との闘い

私は一九四四年三月生まれだ。父親を戦争で亡くした最後の世代だ。実際に戦争を体験した人で存命の方もごく少数となった。そうであれば父親を戦争で亡くした私たちが父の戦死、残された母や子どもたちの思い、戦後における苦しい生活を戦争体験として語っていかなければならない。以下に私の戦後的戦争体験、戦死した父とのこと、残された母の思いなどを書いていく。

私は二〇〇七年から靖国神社合祀取消訴訟に参加した。裁判を通じて痛切に感じてきたことは、「忘却との闘い」である。私が生まれたときには、父は戦地におり、そのまま戦地で亡くなったので、一度も父とは会っていない。そういった意味では、私には父の記憶はなく、普通の庶民は自分の足跡を文章にあまりしたためていないから、残されたわずかな遺品と記憶の断片を、両親の生きた時代のなかに置き直し、父と母が感じたであろうこと、考えたであろうことを想像し、再構成しなければ、戦争に関わる記憶はどんどん退色し、忘却の彼方に消えていく。裁判のなかで、父と母が生きてきた歴史を考えようとしてきたが、そのなかで忘却との闘い、記憶との闘いがとても大切なものであると感じてきた。

父の戦死

父、徳一は二度目の召集の四五年一月に中国湖北省鄂城県梁子島で戦死した。三五歳だった。父は百姓で大工でもあったので、軍隊では工兵隊に所属し、戦死時には最前線におり、現認報告書によると「顱《ろ》頂部左顎部穿透性貫通銃創（脳損傷）」で即死した。その惨状を想像すると心が痛む。

父が戦死した時、私の母、春枝は二八歳だった。母は、悪性リンパ腫との闘病の末、二〇〇七年三月、九〇歳で亡くなったが、彼女の話によると、私が生まれた日の未明、父は「天保山の桟橋（大阪港）から出航した」そうだ。そのため私は、誕生から今日までのあいだ、「まだ見ぬ父」の姿を折にふれ、脳裏に描くことしかできなかった。

生まれた子の顔を見ることもないまま出征した、戦地の父に宛てて、母は、私の生後八〇日目と生後七ヶ月目の写真を送った。一枚目は父のもとに届き、喜びの気持ちを伝えた葉書が残っているものの、二枚目の写真は戦死したため届かず、送り返されてきた。私について触れた父の

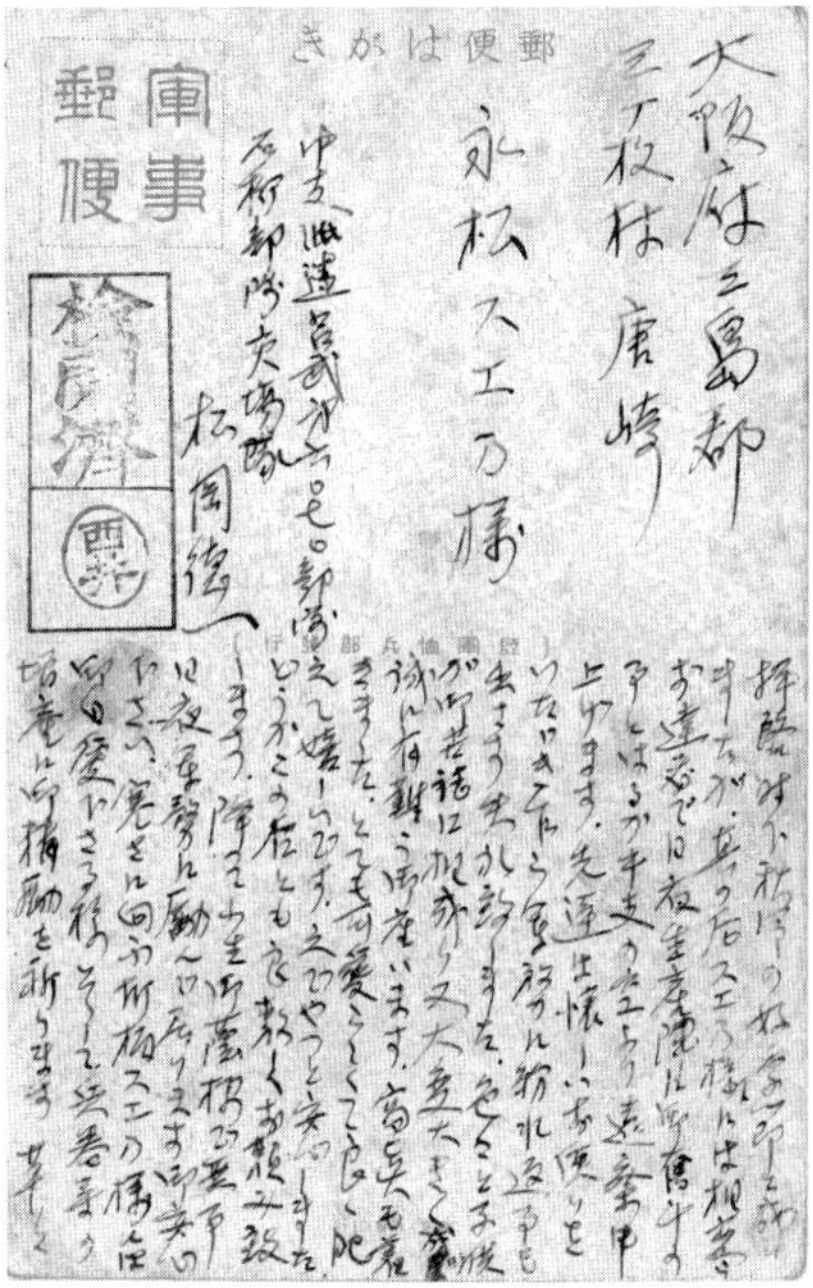

戦地の中国から届いた葉書。「色々と子供がお世話に相成り又大変大きく成り誠に有難う御座います。写真も着きました。とても可愛らしくて良く肥えて嬉しいです。之でやつと安心しました」。

文章は、このたった一枚しか残っていない。二葉の写真は私のアルバムに今もある。

　私は、母から父の話を聞かされるたびに、一度も見たこともない父の姿を必死に瞼に描いた。想像するしか術がなかった。母は父の死後、再婚せず、一人っ子の私を育ててくれた。

2度目の出征時（1944年1月）

父の不在

　母は父の夢をよく見た。ラジオ放送で「尋ね人」の放送があった頃で、ニュースが「戦死したはずの人が興安丸で舞鶴港に着いた」などと伝えると、かならず翌朝、「お父さんが帰ってきた夢を見た」と私に語って聞かせた。わが家は母屋の右手に木戸があり、その木戸から路地になっていた。その奥が洗濯場で、そこで母は毎日洗濯をしていた。夢の中で国民服姿の父が木戸を開けて、「ただいま帰ってきました」と現れる。しかし、それはかなわない夢だった。

また、こんなこともあった。私の子どもの頃は家が貧しいので、大阪まで出かけることはめったになかったのだが、年に一度ぐらいは大阪や十三の繁華街に連れていってもらえた。その街角で、私の住んでいた茨木市ではめったに見ることがなかった米軍兵士を見かけると、すれ違いざま振り返って、母に手を引かれた私が、「お母ちゃん、あの兵隊さんがお父さんを殺したのか?」と聞いたと、後年母から聞かされた。

私が三〇歳代後半になった頃の話だが、教員として修学旅行の取り組みで広島に訪れ、被爆者の方々と出会ったことがあった。お盆前のことだった。家の欄間に飾ってある父の写真をもっと真ん中に移したいと母が言い出した。普段なら邪魔くさくなり、「また今度」となるところだが、「うん、いいよ」とすぐに引き受けた。被爆者との出会いを経験していたので、「死者」との距離が近くなっていたのだろうと思う。私が写真の額を拭いていたとき、母がこんなことを話し出した。

「終戦の一年後やったかな、地域の合同慰霊祭があって、午前中親戚が集まり、『お父さんが帰ってくる』と聞かされたお前は走りまわって、はしゃいでいた。けれども午後、お寺に行き、白木の箱がならんでいるだけと知って、お前は『お父さん、どこにもいいひん』と悲しそうやった」。私にはその記憶がないのだが、その時の私と母の姿を思い描き、幼い私を見ていた母の視線を感じとり、母をいとおしく思った。母の死後、その白木の箱には骨はなく、石だけだったと知った。

このようにして、物心がついて以来、私の心のなかには「父の不在」が棲みついた。それは母にとっても同様だっただろう。

戦死についての認識の転換

私は中学生になっても、「イサオくんのお父さんはなぜ死んだの？」と先生や友だちから聞かれると、涙ぐむような子どもだった。一方で、中学三年の現代社会の授業で、憲法第九条で戦争放棄、武力不保持、交戦権の放棄が決められているのに、「なぜ自衛隊があるのか？」、また、「国民主権であるはずなのに、象徴天皇制であっても、なぜ天皇がいるのか？」と疑問を持つようにもなっていた。

少しずつ私は、父を奪った戦争、父を連れ去った軍隊が嫌いになっていた。父を殺した軍隊についての認識も、外国にまで戦争を仕掛けた日本軍はアジアの人々にとって侵略者なのだというように変わっていた。

私は、五八年七月、中学三年の時に、遺児代表として靖国神社参拝をした。しかし、「靖国文集」に寄せた文章とは裏腹に、現実には参拝で「お父さんに会えた」といった感動はなかった。靖国神社は私にとって父の存在を感じさせてくれるものではなかった。

このようにして、私は戦争＝軍隊ぎらいになった。父を殺した軍隊についての認識も米軍から日本軍に変わっていた。また、中学三年頃に天皇の行幸があり、中学生全員が動員されて国道一七一号線に並ばされた。その時、私は「（父を殺した）天皇はどんな人か見てやろう」という意識で通過する天皇の車を凝視したが、ちらっとしか見えなかったので、がっかりした記憶がある。また、これは高校一年の時だが、皇太子成婚パレードのテレビ中継で、皇太子夫妻が乗る馬車に投石した少年が写し出された。それを見た私は内心で共感している自分に気がついた。

高校一年の頃のある日、高校の屋上から茨木市街の町並みを眺めていると、不意に「これらの屋根の下には、生きていれば父と同じ年齢の人たちがいるはず」という想念が浮かんできた。息せき切って帰宅するとその思いのうちを真っすぐに母にぶつけた。「お母ちゃん！　うちのお父ちゃん、戦争に行ってるんやから、向こうで人、殺しているはずや」と。母は裁縫していた手を止めて、私の言葉を撥ね返した。「うちのお父ちゃんは、虫も殺さんええ人やったから、絶対そんなことあらへん！」。母の顔は真っ青だった。私は返す言葉がなかった。

当時、私の言葉をそのまま母が受け止めてくれると思っていたに違いない。しかし、高校生になった息子から突然発せられたこの問いに、母は内心は大変な動揺を感じただろうが、肯定することもできなかったのだろう、と今は思う。

ゆっくりとした歩みだったが、父が殺す側にいたという認識を持つようになっていた。しかし、その後、母から拒否された「父と戦争」についてのこの問いかけを母に向けることはできなかった。八月一五日に毎年行われる全国戦没者追悼式のテレビ中継をじっと見つめる母の背中を後ろから見ているのは、つらいものだった。

母と私を引き裂いた靖国神社

私のなかでは、「父と戦争」との関係をどうとらえるかが、重要な問いとしてずっとあり続けてきた。それは、侵略軍の一員としてアジアや中国の民衆に対した（＝殺す側にいた）父が、なぜ靖国神社で「神」として祀られているのか、靖国神社と天皇制との関係とは何かという疑問であり、父の「合祀」に同意できないという気持ちであった。

しかし、この気持ちを母に話すことはできなかった。わずかな期間の結婚生活しか過ごせず、その後、六〇年以上を独身で過ごした母。むざむざ殺された夫、あるいはひょっとしたら誰かを殺したかもしれない夫、想像を超える無惨な死に方をしたのであろう夫、他の家族のように子どもの成長を見守ることのできなかった夫、この怒り、悲しみ、やりきれなさをいったいどこにぶつければいいのかと彼女は自問自答したに違いない。湖北省とはどんなところなのか、一月の寒さはどんなだったのか、現認報告書にいう「櫓ノ操作ヲ」する「船」とはどんなものだったのか、「熾烈ナル敵火ノ射撃」とはどのようなものなのか、まるで想像もつかないことを、何度も何度も思い描き、その恐ろしさ、苦しさに思いを馳せたであろう。そんな夫を不憫に思い、また、父の顔すら見ないままであった私をあわれに思い、そして、日ごとに父と似てくる私に父の面影を探し、私に父を忘れないでほしいと願ったに違いない。

他方で、国が、靖国神社が、夫を「英霊」だとほめたたえ、毎年、慰霊祭が国家的行事として行われる。今の平和は、夫の無惨な死のおかげである、その死に感謝を捧げるのだと告げられる。そのたびに母は、吐き出したい思いを抑えこんだに違いない。だからこそ、「父は誰かを殺したのではないか」との私の問いを、ひたすら否定することしかできなかったのであろうと思う。

靖国神社の合祀通知

母は老齢に入っても元気に過ごし、病気がちの私の妻に代わり孫の養育でも大変世話をかけたが、八〇歳代後半に入ると足腰が弱くなり、心臓の調子も少しずつ悪くなった。二〇〇四年暮れ頃には（八七歳）、右顎の下が腫れだし、発病を知った。悪性リンパ腫とわかったのは翌年で、死去するまで入退院を繰り返し、NTT西日本大阪病院で治療を受けた。悪性リンパ腫の治療完了後、乳癌手術で入院するという二重の病苦でもあった。その後、病状が悪化し、再入院したが、もう抗癌剤を使うことができないほどに身体が弱っていた。

二〇〇七年三月に治療の甲斐なく、心不全と悪性リンパ腫が病因で死去した。九〇歳だった。母の闘病期間は二年数ヶ月だった。母の最期は、悪性リンパ腫が高齢もあってあまり進行せず、苦しまずに亡くなったのが救いだった。やはり長年の無理が、一気に病の形で出てきたと思う。ただ、最後の一年間は、私が定年退職後勤めていた嘱託を一年早く辞め、母の介護に当たれたのでよかったと思う。

子どもの頃から、父の死亡告知書（公報）・現認報告書や戦地の父からの葉書等を母から何度も見せられてきたのに、不思議なことに、父の靖国神社への合祀通知はこれまで見たことがなかった。母にも、何かわだかまりがあったのかもしれない。そのわけを生前に聞いておかなかったことが悔やまれる。

母が亡くなり、葬儀等がすみ、一段落した〇七年六月、母が父の戦死関係の書類が入っているかと言い残した押入を片付け、靖国神社の合祀通知があるかどうか探し、やっとそれを見つけることができた。こんな紙一枚が父を「神」にしたのかと思い、ほんとうに腹立たしく感じた。合祀通知の日付は、一九五七年一〇月で、私の遺児代表としての靖国神社参拝がこの翌年になる。合祀通知には次のようにあった。

陸軍曹長松岡徳一命
右昭和二十年十一月十九日招魂　本殿
相殿ニ奉遷　昭和三十二年十月十七日
本殿正床ニ鎮斉相成合祀ノ儀相済候條
此段及御通知候也
昭和三十二年十月
　靖国神社宮司　筑波藤麿
遺族御中

別の棚の遺品の中から、「靖国神社　合祀記念　神盃」が出てきた。「神盃」とあるのには驚いた。やはり「神」にされたのだ。同じ所に「大阪知事盃」もあった。大阪府も記念の盃を出していたのだ。多分同時期のものと思われる。

　また、合祀通知を見つけるより少し前に、母の遺品の写真を整理していると、母が遺族会で行った靖国神社参拝の写真が出てきた。写真の裏のメモによると、母の靖国神社参拝は、六〇年、七三年、七七年の三回だった。母がどんな感情で靖国神社参拝をしたのかは、今となっては残念ながら分からない。母から生前に聞き取れてなかったことを残念に思った。でもやはり、「父と戦争（靖国）」に関わる私と母との対話を不可能にした原因は、靖国神社「合祀」にあると痛感する。

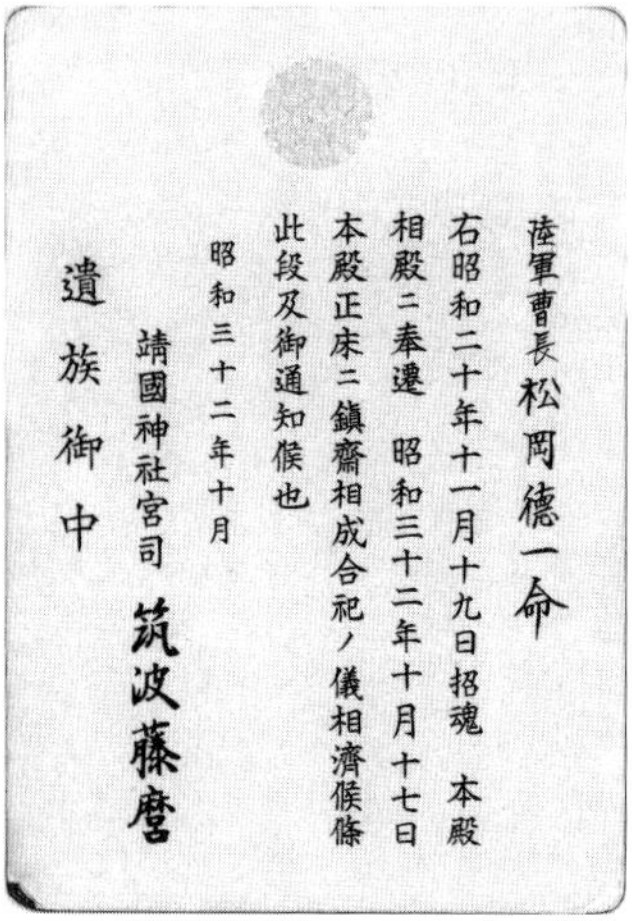
陸軍曹長　松岡德一命
右昭和二十年十一月十九日招魂　本殿
相殿ニ奉遷　昭和三十二年十月十七日
本殿正床ニ鎮齋相成合祀ノ儀相濟候條
此段及御通知候也
昭和三十二年十月
靖國神社宮司　筑波藤麿
遺族御中

靖国神社からの合祀通知

靖国神社の不誠実な応答

　靖国神社に父が合祀されていることについて、本格的に取り組みたいと私が思いだしたのは二〇〇五年九月、小泉首相（当時）の靖国神社参拝違憲訴訟に対する大阪高等裁判所判決が出され、判決内容についての講演を聞いたその年の暮れ頃であった。そこで、「母も高齢だし、もうあまり時間が残っていない」と考え、「父と戦争（靖国）」についての対話を再開しようと決心し、できうるならば合祀に関わる訴訟に参加したいとも思った。

それまで、入学式・卒業式に「君が代」斉唱が導入された際、子どもの「思想・良心の自由」の保障の問題には熱心に取り組むことはあっても、靖国問題はどうしても越えられない壁が、母と私の間にあり、避けてきたように思う。

しかし、こう決心したものの、その後、母の悪性リンパ腫が再発し、病の進行のほうが早く、話す機会を逸したことは誠に残念だった。母の死によって、永遠に母との対話は閉ざされてしまった。そして、母の死後、「合祀通知」を見つけて、靖国神社との「合祀取り消し」を求めるやりとりを始めた。

靖国神社に対して、最初に〇七年六月一二日付で質問と合祀取り消しの要求文書を送り、その後、何度かのやりとりをした。その封書を投函する日、私の子どもの頃から玄関の上に貼られていた「遺族の家」と印刷された真鍮のプレートを外した。そのプレートには「遺族の家　財団法人大阪府遺族会」（それには遺族会のマークが入っている）と書かれてあり、私が成人してからも外さないままだった。私は子どもの頃から、母に「お父さんは靖国神社に祀られている」と言い聞かされてきたが、このプレートを外し、長年世間から与えられてきた「お父さんが戦死したかわいそうな子ども」、「遺族の家」（英霊の家）という心のラベリングを外したのだと思う。その時の気持ちは、何かが吹っ切れた感じで、すっきりとさわやかだった。

しかし、合祀取り消しを拒否する靖国神社の回答は、合祀そのものが、政府から戦後に合祀者氏名等を通知されて初めて可能になったという、明確な政教分離原則違反行為を棚上げにした内容だった。敬愛追慕の情は憲法第一三条の幸福追求権から導かれる人格権の一つとして、明確な権利性を有すると理解される。また、再回答では、「靖国神社の根幹にかかわる合祀・祭祀に批判的な意見表明」には、「議論することを差し控えさせて戴きたい」とあり、また、「今後も同様の御質問には回答をしかねます」とあった。私が生まれて以来六十数年間の父の不在、私が半世紀をかけて悩みぬいてきた「靖国神社の合祀」、そして母の無念の思いを感じ取り、やっとのことで合祀拒否という結論にたどりついたのに、たった二度の回答で（その回答も質問にまともに答えたものではなかった）、靖国神社が文書による応接を断ったことに大変な怒りを感じた。靖国神社の対応は、遺族の感情や意志を受け止めようとしないものだった。

合祀取消訴訟への参加

私は、すでに一年前から始まっていた靖国神社合祀取消訴訟に、〇七年八月から合流し、その年の一〇月から訴訟の弁論に加わった。そして、同年八月二二日の午後、靖国神社に直接合祀取り消しの申し入れを行った。靖国神社では、三〇歳代中頃の神官服を着た調査課の職員が応接した。

この時、「合祀の了解を母にどうして訊かなかったのですか」と聞いたが、調査課職員は、「今と時代がちがいますので」(個人情報の保護、宗教法人としての靖国神社のこと等)との応答だった。そして、合祀取り消しを求めたが、それは応じられない、と拒否された。「しかし、合祀は五七年ですから、戦後の制度では、遺族の意向を聞くのが当然ではないですか」とさらに問うと、「今とちがいますから」と繰り返すばかりだった。また、「それは、やはり現在の感覚ですね。戦死者をお祀りするというのが第一義ですから。それが日本に古くから伝わる神道の形に則って、お祀りするというのが国家の基本として決まっていたのです」とも言った。彼の「合祀取り消しはできない」という拒否の回答を聞き、事務所を辞したが、遺族の了解を得ずに「合祀」したこと、それも戦後になってからの「合祀」であることには納得できなかった。この靖国神社訪問の主要な理由は、父の合祀取り消しの申し入れにあったが、もうひとつの理由は中学三年時の靖国神社遺児参拝の際になにか特別な思い入れがあったのかどうかを確認したかったことにある。靖国神社を再訪して、遺児参拝から四八年たっていたが、当時、靖国神社に対して「全く思い入れがなかった」ことを確認できてよかったと思う。

中学三年時の靖国神社遺児参拝については、合祀取消訴訟の証人尋問（〇八年九月四日、大阪地裁）で、靖国神社側の弁護士が執拗に聞いてきた。弁護士は、「（母は）祀られて喜んでいたに違いない」と思っていたようだが、それは間違っている。本人調書で、その部分を再現すると次のようになっている。

弁護士　遺児代表としてあなたが神社に参拝に行かれるときは、お母さんはどういう態度だったのですか。

松岡　何も言っていませんね、不思議と。

弁護士　ええっ（のけぞるような、信じられないという言葉が出かかったような声を発した）。

松岡　ええっと言ったって、母親から、おまえはこんな、非常に誉れ高き家庭の息子やから、気張って靖国神社にお参りしといでやというふうに言われた記憶がないのです。それがうちの母親の実像なんですよ。

父の獲得へ

靖国神社再訪の際、資料庫として併設されている遊就館を見学した。遊就館の展示に私の身体全体が拒絶感を示していた。気味が悪かったのは、招魂式に霊璽簿を乗せる「御羽車」だった。御羽車は、招魂祭において霊璽簿を靖国神社本殿に奉遷するために用いられたものだが、照明を落とした室内のうす暗がりのなかに置かれていた。御羽車を見て、招魂祭の日の深夜に、誰も見ていないなかをおごそかに戦死者の「みたま」を本殿に奉遷する風景を想像し、「うちの父親（の名前）もこれに乗せられたのか。こんな形で『神』にさせられたらたまらないな」と背筋が寒くなった。

また、裁判の原告になって新たに見えたのは、靖国神社に「合祀」されている父に対して、私の人生ではじめて真剣に向き合うことができたことだ。それは、遊就館で「御羽車」を見たときに「背筋が寒くなった」ことと「それに乗せられ、『神』にさせられた父がとてもかわいそうになった」ことである。言い換えれば、「父との距離が近くなった」のである。ここでも父との距離が遠かったのは、「靖国神社による〈合祀〉」の介在だった。

父は、ただ一人の息子が誕生した瞬間に戦地へ送られ、わずかに戦地よりわが子を気遣う葉書をしたためることしかできなかった。顔も見ないままのわが子に対する慈しみの深さは想像に余りある。のみならず、戦地で死亡したために、自身が命名した息子である私と共に過ごすことも、その成長を見守ることもかなわないままとなったのであり、その無念さは想像するも哀しい。その上、被告靖国神社と国は、父の死を「天皇のために死んで御国のために奉仕した」者として、「神」として意味づけ、広く世間に流布し、利用し続けてきた。私は、父を戦死させられ、死後も父を「神」として祀ること〈合祀〉により、今も父を奪われたままである。それゆえに父の「合祀」を取り消し、父を私の元に取り戻すことを切に望む。

そのような思考にたどりつけたのは原告となったからだ。これまでは「父の不在」が私のメインテーマだったが、裁判のなかで、これを〈靖国神社の合祀から父を取り戻す〉（「父の獲得」）へと転轉するものとして臨んでいきたいと思う。

靖国神社合祀取消訴訟は、〇九年二月二六日、大阪地方裁判所で判決が出た。判決は、靖国神社の合祀という行為を「抽象的・観念的行為」であり、「他者に対する強制や不利益の付与を想定することができない」とし、靖国神社を免責するものだった。また、国は合祀のために戦死者の情報を靖国神社に組織的に供与してきたのだが、判決は国の関与

（共同不法行為）も否定した。それを聞いたとき、靖国神社の合祀によって苦しめられてきた両親と私の人生を「どうしてくれるのか」と怒りを強く覚えた。同年七月から大阪高等裁判所で控訴審が始まり、一〇年一二月二一日に高裁判決で敗訴、最高裁判所に上告し、一一年一一月三〇日に上告棄却となった。その後も元原告団は遺族として毎年一〇月に靖国神社において「合祀取消要求行動」を行い、靖国神社当局と協議している。

高裁段階の一〇年八月の結審前に私の中学三年時の靖国神社参拝文集『靖国の父を訪ねて 第二集』を再発見した。「靖国文集」再発見後は、靖国神社遺児参拝が与えた私への強い影響を考え続けてきた。

今私は、母が亡くなる直前まで寝ていた六畳の間で寝起きしている。欄間には父と母の写真がならんでいて、毎日、寝床から仰ぎ見ることになる。父は国民服姿。写真は、一九四四年、二度目の出征直前（翌年戦死）に写された。年齢は三四歳。一方、母の写真は卒寿の祝いの写真、亡くなる直前の写真だ。父の写真は老いず、母のそれは戦後六十数年の苦労を深く刻んでいる。その後もう一枚三年前に亡くなった妻の写真が加わった。

2　安倍首相の靖国参拝と戦争の危機

戦死者遺族への被害

二〇一三年一二月二六日午前、安倍首相の靖国神社参拝の様子がテレビ中継された時、私の身体に雷が直撃したような衝撃が走った。それは父の戦死と、夫を戦争で奪われた母の戦後の生活を思い起こさせたからだ。

先にも述べたように、私の父は一九四五年一月に中国湖北省鄂城県梁子島で戦死した。三五歳だった。その時、母は二八歳だった。母は父の死後、再婚をせず、大変な苦労をして一人っ子の私を育ててくれた。私は一九四四年生まれなので、私の人生は戦後七〇年とほぼ重なる。私はそのなかで父の戦死をどう受け止めるのか、父の死を単に戦争の被害者としてのみとらえてよいのか、東アジア・中国の民衆への加害者としての関係をどのように考えるかが、私の長年の課題となった。

私が高校一年当時、学校から息せき切って帰って、「お母ちゃん！　うちのお父ちゃんは、戦争に行ってるんやから、向こうで人、殺しているはずや」と母に直球でぶつけたことがある。母は六畳の間で裁縫をしていたが、その手を止めて母は「うちのお父ちゃんは、虫も殺さんええ人やったから、絶対そんなことあらへん！」と返した。当時の私の日記には、「私の父は戦死した。こんどの戦争で多くの人が死んだであろう。死ぬ人があるなら、殺す人もあるはずである。今の世の中は、ある程度平和で、その中には戦場に行って人を殺して来た人もあるはず。そして、その人達の心の中に、どんな戦争の結果による心理（苦悩）が動いているのか、知りたい」とあるから、アジアの人々との関係で父は「殺す側」にいたと戦死の意味をとらえはじめていたのだろう。

しかし、その問いに対して母の拒絶にあった私はその後、同じ問いを母に向けることはできなかった。再び、その問いを自分のものにできたのは、二〇〇七年三月に九〇歳で母が病死した後だった。母の遺品を整理し、そのなかから靖国神社の「合祀通知」を見つけた。こんな紙一枚が父を「神」にしたのかとほんとうに腹立たしく思った。この一枚の紙切れが「父と戦争（靖国）」に関わる私と母の対話を不可能にし、私と母の関係に亀裂を入れたのだった。私の人生の最大の後悔は、母の存命中に母と靖国問題を話せなかったことだ。母の戦後の生活のなかで「父の戦死」がどのような影を落としてきたのか、「母の心情」はいかようなものだったのかを聞けないまま母は亡くなった。戦死者をその妻、母、兄弟姉妹、子どもたちの手で敬愛追慕し、自分たちで祀ることを奪ってきたのは靖国神社の存在だった。

安倍首相は参拝後の記者会見で、「本日、靖国神社に参拝し、国のために戦い、尊い命を犠牲にされた御英霊に対して、哀悼の誠を捧げるとともに尊崇の念を表し、御霊安らかなれと御冥福をお祈りしました」と発言している。しかし、靖国参拝は戦死者遺族にあらたな苦しみをつけ加え、またアジア諸国と民衆に対してはアジア・太平洋戦争の加害国としての立場と謝罪を否定する行為であり、日本が戦争を煽り、戦争を引き起こす側へ転換したことを示すものである。参拝が戦死者遺族とアジア諸国民に与えた苦痛は計り知れないものがある。

英霊サイクル

安倍首相の靖国参拝の報道を聞いた時、次のことが脳裏を横切った。それは一九五〇年代に全国的に行われた戦死者遺児の靖国神社集団参拝である。

本書第Ⅰ部で述べたように、私は中学三年の時（五八年）、大阪府が主催・公費負担し、事業を大阪府遺族会に委託した靖国神社遺児集団参拝に参加した。大阪府では、五二年の第一回から五九年の第一四回まで遺児集団参拝が続き、父親が前年度に靖国神社に合祀された中学三年生を毎年一〇〇〇名規模で靖国神社に集団参拝させていた。遺児集団参拝は、サンフランシスコ講和条約発効を期に行政主導で行われたもので、五二年から六〇年頃まで全国の都道府県、市町村で行われた。遺児集団参拝文集も『靖国の父を訪ねて』という同じタイトルで作られていて、戦死者の子どもたちに父の戦死の意味づけを刷りこむことをねらいとしていた。

くりかえしになるが、私は大阪府の遺児集団参拝文集『靖国の父を訪ねて 第一二集』に靖国神社宮司の言葉を書き残している。それは次の言葉だった。「この靖国神社は、お国のためになくなられたあなた方のお父さんや、お兄さんの英霊がお祀りしてあります。此の国がある限り、あなた方のお父さんの名前は後々まで残るでありましょう」。私は「なんとなく父は立派な死に方をしたのだなあと思った」と書いている。このように靖国神社の役割は、国家によって戦争に動員され、戦死した兵士を靖国神社や護国神社、忠魂碑で「英霊」として祀り、遺族をはじめ生きている者たちに対し、戦死者は国家のために死んだと鼓舞し、これら英霊の後に続きなさい、国のために死になさいと繰り返し教育し、次々と兵士を作り出すことだった。これを箕面忠魂碑訴訟弁護団は「英霊サイクル」と名づけた。

靖国神社遺児集団参拝は「英霊サイクル」の一環を構成し、戦前は国の予算と関与で作られた軍人援護協会が、国家による戦争動員遂行のために、戦死者の遺児を全国的に集団参拝させていた。それが戦後も同様の形で続けられていたのだ。この時代は朝鮮戦争後で、警察予備隊、保安隊から一九五四年に自衛隊ができ、日本の再軍備が進められ、ひとつ間違えば日本が他国との戦争へと向かうかもしれない危機の時代だった。そうなっていれば、当時の戦争遺児たちは再び銃を持たされ、戦争へ動員されていただろう。

息子たち、孫たちのことを考えた際の不安・心配

私には息子（四三歳：当時）と娘がいる。息子には長男（二歳半：当時）がいて、私にとってかわいい孫だ。安倍靖国参拝の報道を聞いた時、今後、私の子どもと孫、かれらの同世代が戦争に巻きこまれ、戦争へ動員されるという甚大な被害を受けるのではないかという強い危惧を抱いた。

第二次安倍政権は特定機密保護法の強行、集団的自衛権行使容認の閣議決定とそれに関わる安保法制の制定等とますます戦争のできる国家への道を進もうとしている。隣国の中国、韓国との間では、安倍首相は尖閣列島、竹島（独島）との領土問題で排外主義的に対立を煽り、いつ何時武力衝突が起こってもおかしくない状況になっている。また、日本社会は格差が拡大し、社会保障費の削減、医療費負担の増額等で生きづらくなっているし、

社会的な不満を排外主義的言動で外に向けようとする傾向が強まっている。

息子の年齢であっても、戦争に動員されることはないとは安易に思えない。靖国合祀取消訴訟の原告になって以降、多くの戦記や戦争文学を読んだが、アジア・太平洋戦争の後半になると日本軍の戦況が圧倒的に不利になり、敗色強い時期の総ざらいの召集で三〇歳代から四五歳までの男性が軍隊に取られ、大量の戦死者が生み出された。もし、そんな事態になれば私の孫が、私の子ども時代に味わった戦死者の遺児としての悲しみ、苦しみを経験することになる。そうでなくとも、私の孫が青年になった時代には戦争に巻きこまれ、動員される危険性はさらに増大しているだろう。そのようなことは絶対許すことができない。

このような時代状況の中で行われた安倍首相の靖国参拝はさらなる戦争の危機を生み出す。憲法で保障された平和の中で生存する権利を侵害するものである。また、私の子どもたちや孫の時代まで甚大な被害を及ぼすものである。私は安倍首相靖国参拝違憲訴訟で再び安倍靖国参拝が行われないことを強く求めた。

第2章

兵籍簿に見る父親たちの戦争

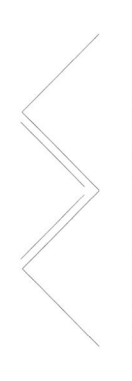

1　父の戦死と中国侵略

小学校時代の同級生、桃木次郎君とおたがいの父親の戦死した状況を話し合い、ふたりで「父親たちの戦争」を調べ始めた。父親の「兵籍簿」を取り寄せ、父たちの戦死の詳細が分かってきた。「五〇年代の遺児参拝」からさらに私たち戦争遺児の原点〈父の戦死〉にさかのぼる。

靖国遺児参拝と関連して、父の中国での戦死と中国侵略について考えた。私の父・松岡徳一は、二度目の召集で、一九四五年一月二二日に中国湖北省鄂城県梁子島西南三〇〇メートルで戦死した（死亡告知書）。現認報告書によれば、父は「第五野戦補充隊工兵隊」に所属し、戦死時には最前線におり、「顱頂部左顎部穿透性貫通銃創（脳損傷）」で即死で、三五歳だった。防衛庁防衛研修所戦史室『戦史叢書　昭和二十年の支那派遣軍(1)』（朝雲新聞社、一九七一年）によると、第五野戦補充隊工兵隊は「武昌県青山（武昌北東二十キロメートル）地区の警備」を担当したとある。

戦没地である湖北省鄂城県梁子島について調べて見た。「梁子島」は観光スポットとして出てくる。父の戦死した「湖北省鄂城県梁子島」は「鄂州市」にある。また、第五野戦補充隊工兵隊の置かれたのは「武昌」だ。歴史上「武昌」と「鄂州」は幾度も地名が交換しているとインターネットに書かれていて、「武昌」は現在では「武漢市」である。だから、「鄂州」「武漢」（「武昌」）はほぼ同一地あるいは近接していると考えていいと思う。私はいずれ父の戦死した地に立ちたいと思っているが、それには武漢市を訪ねることだと思った。

また、自宅に残っていた「弔辞」の部隊長名は「石桁和郎」で、前掲『昭和二十年の支那派遣軍(1)』には、「第五野戦補充隊工兵隊（長　石桁和郎少佐）」とある。また、第五野戦補充隊は「昭和十九年三月大阪で編成して中支那へ派遣し、第十一軍隷下に入り、武漢地区の防衛に任じた。司令部は漢口に位置した」。

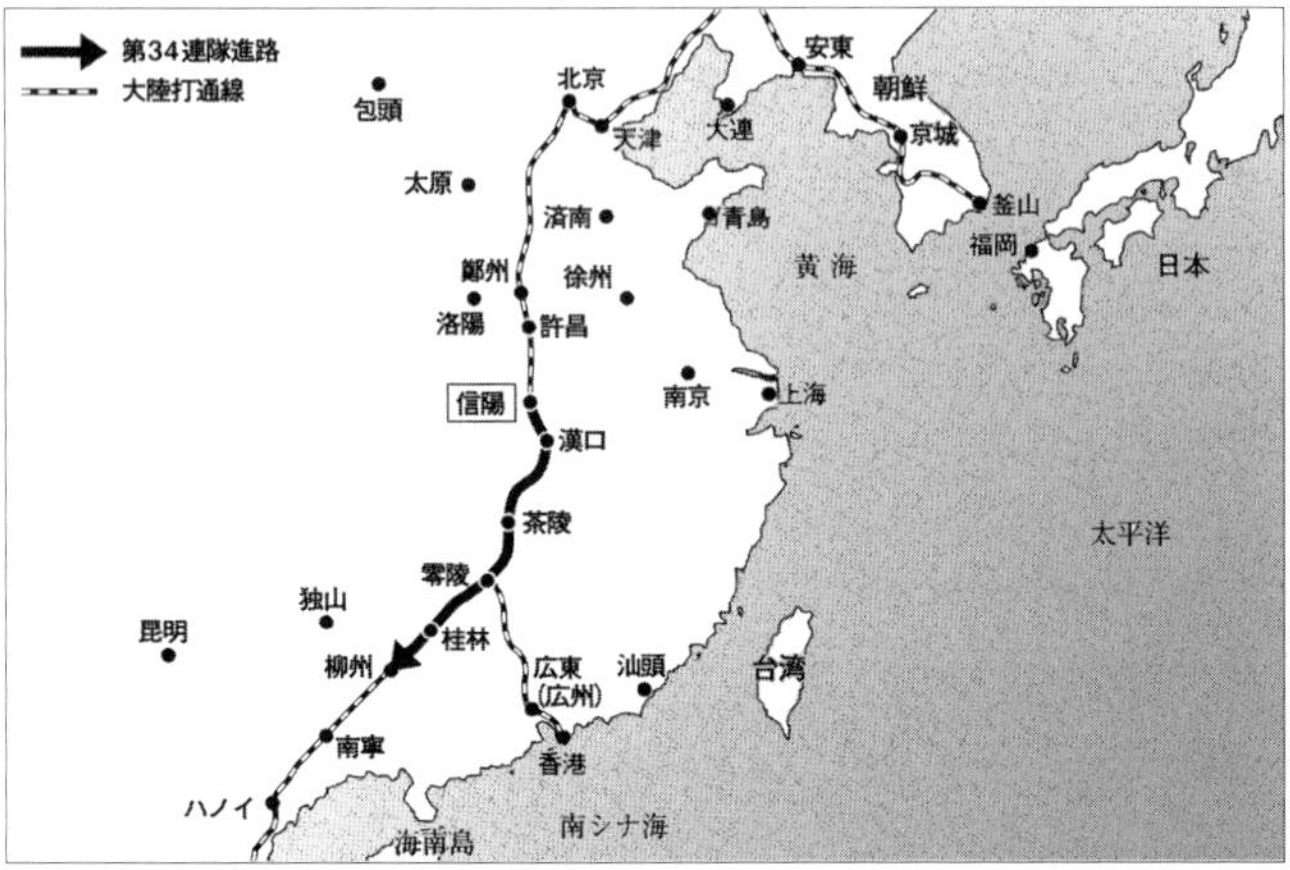

大陸打通作戦関係図（ＮＨＫ「戦争証言」プロジェクト『証言記録　兵士たちの戦争１』）

先の石桁部隊長の「弔辞」によると、第五野戦補充隊工兵隊は「昭和一九年三月、（…）高槻工兵隊にて編成」「門司、青島、南京を経て漢口に到着」「京漢作戦に参加」「再び反転して湘桂作戦に従軍」とある。この京漢作戦、湘桂作戦は一九四四年四月から行われた日本軍による中国占領作戦で、「京漢作戦」「湘桂作戦」を含んで全体は「大陸打通作戦（一号作戦）」という。それが終わるのは四四年一二月である。その作戦終了直後に父は戦死している（四五年一月）。

NHK「戦争証言」プロジェクト『証言記録　兵士たちの戦争(1)』（NHK出版、二〇〇九年）の中に「静岡県・歩兵第三四連隊――中国大陸打通　苦しみの行軍一五〇〇キロ」という章がある。この本は元兵士たちの証言をもとに、日本軍の各部隊が行った作戦の実態を描いている。これによると、大陸打通作戦とは、第二次世界大戦で米軍の前に敗北を重ねていた日本が、南方との陸上交通路を確保すべく広大な中国大陸縦断を目指した陸軍史上最大の作戦である。それは参謀本部内でも中止論が出るほど無謀なものだった。静岡県出身者で編成された陸軍歩兵第三四連隊は、その先陣部隊として参加し、兵士たちはコレラや赤痢に倒れ、弾薬が尽きるなか突撃していった。兵士たちをまず苦しめたのは水不足だった。渇きに耐えられなくなった兵士が口にし始めたのは、田んぼや道ばたの泥水だった。また、民家の土間に藁だけ敷いた野戦病院で、粗末な医療物資しかなく、受けた治療はあまりに惨めだった。行軍の苦しさのあまり、兵士たちのなかには自ら命を絶つ者が現れはじめた。兵士たちは中国人の集落から食料を略奪し、それに抵抗する中国人を殺戮していった。大陸打通作戦の実態は悲惨で残虐なものだった。このような中国戦線での日本軍の侵略行為のなかに父の戦死を置いたとき、単に戦争の被害者としてではなく、中国侵略の加害者の側に父がいたことが見えてきた。

2　父・松岡徳一の「兵籍簿」

私の父・松岡徳一の「兵籍簿」を見ていく。父は二度召集されたが、二度目の召集の「大陸打通作戦」（京漢作戦と湘桂作戦）についてはすでに述べた。続いて、一度目の召集を中心に「兵籍簿」を読んでいく。

父の「兵籍簿」をはじめて読む

父の一回目の召集は三七年八月で、陸軍工兵（輜重《しちょう》兵、兵站部自動車部隊）として入営し、九月に中国に上陸し、北京、太原、漢口、除州へと派兵され、四〇年七月に召集解除になった。父はまだ独身だった。出征の際の家族写真が残っているが、庶民の側の戦争責任を感じさせられる。

先に二度目の召集について書いた時、私の母が大切に残していた「死亡通知書（公報）」「現認報告書」等いくつかの書類をもとに、前掲『昭和二十年の支那派遣軍(1)』を参照した。その時に一度目の召集の概略を知っていたのは、私の叔父（父の弟）に当時の父

1度目の出征時の家族写真（1937年8月）

と叔父の「軍歴メモ」をもらっていたからだった。

父は一九三七年八月に動員され、輜重兵第四連隊の兵站自動車第五三中隊に配属された。父は輜重兵だった。輜重兵とは兵站（作戦を行う部隊後方の軍事装備の調達、補給、整備、修理および人員・装備の輸送、管理運用についての軍事業務）を担当する。自動車部隊だ。九月に大阪を出帆、中国に向かっている。父を待っていたのは戦闘に次ぐ戦闘だった。

一〇月から一一月は太原攻略戦、一一月から一二月は宋哲元軍掃討戦（国民政府第二九軍宋哲元軍長）。三八年になって、三月に河北戦、三～四月は山西河南省での戦闘、五～六月に徐州会戦、六～七月は晋北戦、八～一一月は武漢攻略戦。三九年になって、四月に南昌攻略戦、四～七月は襄東戦、八～一〇月は潞安作戦。四〇年になり、自動車第二七連隊第三中隊に転属し、三～六月は晋南作戦および郷寧作戦、そして六月に帰国、七月に召集解除。実に四年間の長い軍隊生活だった。いかに後方支援の自動車部隊であったとはいえ、中国侵略軍のまっただ中にいたことになる。『戦史叢書　支那事変陸軍作戦(2)』（朝雲新聞社、七六年）によると、この時期の中国北部での戦争は、「徐州会戦」「武漢攻略戦」「広東攻略戦」が中軸だったとのことで、父はこの徐州、武漢の戦闘に参加していることが分かる（父の所属する自動車部隊がどの作戦でどう関わったか同書で探したが、見つけられなかった）。

父の出征した三七年は次のような時代だった。三一年の満州事変、三二年の満州国建国と進んだ日本の中国への侵略は、三七年七月の盧溝橋事件を発端として中国北部（華北）地方へと拡大する。同年八月の第二次上海事変勃発以後は中国中部（華中）地方へもさらに拡大し、次第に中国大陸全体に広がっていく。宣戦布告なしの戦争が太平等戦争が始まるまで続く。三七年一二月に、日本軍は当時の国民政府首都であった南京を占領し、軍人だけでなく市民の大量虐殺や強姦等を行い、国際的に批判された。ちょうど日本軍が中国の植民地侵略を行ったこの時代に、父の所属する部隊は中国北部地域に攻撃を加えていたのだった。兵籍簿を読むまでは、南京事件と南京虐殺は、これに関する本を読んだり、講演を聞いたり、映画見たりしていたにもかかわらず、どこか他人事のようだった。父の所属していた部隊が南京を占領した部隊とは違っていても、同じ時代、同じ空間で日本軍の兵卒として動いていたのだから、行われたことは同じだ。父の兵籍簿を読んでいて、そのようなことに気づいた。

父と母の戦中の短い結婚生活を考える

父は二度戦争に取られ戦死したが、それを母の側から見れば、どうなるのかを考えてみる。父と母との結婚、それに戦争はどう関わったのか。戦前・戦中のわが家の時間経過を追って書く。

一九三七年　八月二五日　父、動員下令
　　　　　　二八日　入営、陸軍工兵（輜重兵、兵站部自動車部隊）
　　　　九月二三日　中国上陸（北京、太原、漢口、徐州へ）
四〇年　七月二〇日　召集解除
　　　一〇月三日　（結納目録が残っている）

一一月三日　（右に同じ）、結婚（結婚式の記念写真に「徳一三〇歳、春枝二三歳」とある。数え年）
四二年　一二月二四日　第一子（私の兄）弘和出生届入籍、婚姻届出同日入籍
四三年　一月二八日　弘和病死
四四年　一月一五日　父、高槻工兵隊に二度目の応召
　　　　三月一七日　私の誕生、父の出征（中国へ）
四五年　一月二二日　父の戦死

父の一回目の応召があり、召集解除後の四〇年一一月に結婚式をあげ、ふたりは結婚生活に入った。ところが母は兄の弘和が生まれた四二年暮れにやっと入籍されている。戦前の女性の置かれていた社会的位置をあらためて感じた。「子（男子）なきは去れ」の時代だったと思った。

その兄も戦時中の食糧事情の悪さから、一ヶ月ほどで死亡した。母からは黄疸だったと聞いている。母は月命日に（父の命日とあわせて）お坊さんにお参りに来てもらっていた。よく「今日は弘和ちゃんが亡くなった日なんや……」と言っていた。よほど辛かった記憶があったのだろう。

ということは、四五年初めに父は戦死したから、父と母との結婚生活はほぼ四年である。そのうちの一年間、父は中国の戦場にいるから、実際には三年間だけ一緒に暮らしたことになる。

心残りなこと

これまで私の父・松岡徳一の兵籍簿を読み、父と戦争について考えてきたが、最後にひとつ私の悔いについて触れておかなければならない。

それは私が大学を卒業し、私立学校（中高等部）で非常勤講師をしていた頃だった。まだわが家の墓は木の卒塔婆で石の墓ではなかった。それを見かねた叔母（父の妹）の夫（その方は沖縄戦の生き残りで、沖縄に慰霊碑を建てることに熱心だった）が「墓を作ってやる」と当時のお金で一〇万円出してくれることになった。そこで叔父が墓石の碑文の校閲をすることになった。私は父が戦争で「功績」を上げたとは書きたくはなく、「軍功」を上げたと書けと言う叔父に抵抗したのだが、抵抗しきれなかった。

わが家の墓石（六九年建立）の碑文には次のような文章が残っている。それは、京漢作戦に参加し「其の武功抜群により小隊長として転戦」したとし、父の戦死に関しては「率先陣頭に立ちて奮戦中敵弾を受け鬼神をも哭かしむ壮烈な戦死を遂ぐ」となっている。その頃、この碑文のある墓を「お金ができたら早く新しい墓石にしたい」と思っていたが、今は墓石にある「加害の歴史」を残しておこうと思う。戦争の危険性が迫る昨今となっているので、わが家と戦争の歴史、その加害の歴史も私の子どもたちや知人に語り続けていきたいと思っている。

3　同級生桃木次郎君の父、一郎さんの「兵籍簿」

次に、小学校の同級生桃木次郎君の父の一郎さんの戦死の状況を見ていく。

桃木君とは小学校の同窓会で再会した。彼の父も戦死したことは知っていたが、これまで父親の戦死と自身の生育史について話し合ったことはなかった。ところが、ある同窓会の時、私が父の戦死にこだわり、「一九五〇年代の靖国神社遺児参拝」について調べていることをみんなに話した。それがきっかけで、桃木君と「一度おたがいの父の戦死の状況について話をしよう」となった。それで二〇一六年の四月に彼と会い、父の戦死の情報を交換し始めた。

彼の父の一郎さんの戦死の状況については、「四五年八月一五日に朝鮮の『ラクダ山』

初年兵当時の桃木一郎さん

で亡くなったことしか分からない」とのことだった。戦争末期の混乱のためにそう情報処理されたのかと思った。「八月一五日に戦死ってほんとうかな？」「もしそうだとしても、お父さんが亡くなったのは八月一五日の正午より前なのか、後なのか？」など疑問が湧いてきた。それで「靖国神社は戦死者の情報を持っているから、問い合わせたらどうか」と彼にすすめ、彼は靖国神社に戦死の情報を問い合わせた。しばらくしてその回答が送られてきた。

靖国神社の「御祭神調査の件（回答）」

靖国神社からの「御祭神調査の件（回答）」には、一郎さんの戦死について、「階級・陸軍伍長」「所属部隊・羅南師管区第百四十四警備大隊」「死没年月日・昭和二十年八月十五日（戦死）」「死没場所・朝鮮咸鏡北道清津北方駱駝山」「死没時御遺族・（妻）松枝」「合祀年月日・昭和三十三年十月十七日」とあった。一郎さんの生年は一九〇九（明治四十二）年で、私の父と同い年で、戦死時の年齢も同じ三五歳だった。

靖国神社に残る記録（国から提供された情報が元である）はこれだけだったが、靖国神社が調べてくれた情報（国立公文書館アジア歴史資料センターのインターネット上の公開情報）が二点あった。それは所属部隊であった「第一四四警備大隊　略歴」（一九六三年三月一日作成）、「第一四四警備大隊高秣山に於ける戦闘細部状況調書」（一九五五年八月三一日作成）だった。後日、私がこの情報の確認とその他の情報を調べたので、後述する。

一郎さんの所属していた第一四四警備大隊は満州との国境に近い朝鮮（現在の朝鮮民主主義共和国）の清津《チョンジン》に配備されていた。この警備大隊は特設警備隊にあたり、日本陸軍が太平洋戦争中に日本本土の沿岸警備や軍事施設の損害復旧のために編成した部隊である。警備大隊は沖縄戦と樺太の戦い、ソビエト社会主義共和国連邦の満州侵攻で地上戦に参加した。四五年八月九日のソ連の参戦後、南下してきたソ連軍と戦闘となり、部隊の大多数が戦死した。死没場所とされた「駱駝山」については場所が分からなかった。本当に一郎さんは八月一五日に亡くなったのか、亡くなった場所はどこかなど疑問が次々と湧いた。さらに詳しく知るために、おたがいの父親の「兵籍簿」を取り寄せた。

一郎さんの「兵籍簿」の記載

兵籍簿には、入隊の時期から除隊（死没を含む）までの軍隊に所属していた経歴が記録される。軍隊の戸籍のようなもだ。陸軍の場合は本籍地所在の都道府県庁（各地で名称が異なるが、おおよそ「健康福祉部社会援護課」に相当する部署）で閲覧ができる。海軍の場合は、厚生労働省の社会援護局（業務課調査資料室）が担当部署である。個人情報のため、閲覧は基本的には遺族に限定される。

一郎さんの兵籍簿を見ると、四度召集されていて、四度目で亡くなっていた。三度目まで書き出すと、一度目は二九年一二月～三一年八月、二度目は三七年七月～一二月、三度目は四一年八月～四二年六月である。いずれも派兵先は朝鮮（平壌）の歩兵第七七連隊だった。三度とも同じ部隊に召集されていたとは思いもしなかった。桃木君の父親は、京阪神急行電鉄（現在の阪急電鉄）に勤務していたが、四度目の出征まで、席の温まる間もなく、朝鮮に派兵されたことになる。こんなに頻繁に軍隊に取られたのだから、仕事や家庭は戦争に翻弄され、大変だっただろうと想像した。

四度目の召集だが、兵籍簿の履歴には「一九四五（昭和二十）年三月二日臨時召集ニ依リ大阪師管区歩兵第三補充隊ニ応召」と記述があるだけで、その後の記述が空白だった。

これには大変驚いた（後日、私と桃木君とで茨木市史編纂室に戦時中の軍隊に詳しい遠藤俊六さんを訪ね、兵籍簿について教えていただいたが、「太平洋戦争末期の兵籍簿は戦時の混乱のため正確な記録が残っていない場合が多い」とのことだった）。

さらに驚いたのは、「戦死公報からの抜粋」の項で、一郎さんは「生死不明者」として扱われ、五七年七月二〇日に戦死処理されていることだった（戦死公報の内容は靖国神社の回答と同じ）。戦後一二年間、一郎さんの生死は宙に浮いていたことになる。

大戦末期の朝鮮北部の戦闘状況

大戦末期の朝鮮北部、満州との国境に近い清津では、四五年八月一三日に海側から上陸したソ連軍と戦闘が始まる。一四日に上陸したソ連軍の主力および南下のソ連軍戦車部隊との本格的戦闘にいたる。一郎さんの所属した第一四四警備大隊は清津東方の高秣山の清津守備隊中にあり、一五日にソ連軍の包囲を突破するため双燕山（場所は不明）方面に脱出しようとしたが、激しい戦闘となり多くの死傷者を出した。そして八月一九日に停戦命令を受け、警備大隊は武装解除された。ただ第一四四警備大隊は本部、第一～第三中隊に分かれており、一郎さんがどの部隊に属していたか不明であり、正確な動静は分からず、戦死の確認もできていない（前記資料と防衛庁防衛研究所戦史室『関東軍(2)――関特演・終戦時の対ソ戦』朝雲新聞社、一九七四年、中山隆志『ソ連軍侵攻と日本軍――満州　1945・8・9』国書刊行会、一九九〇年等を参照）。

ところで、先に紹介した国立公文書館アジア歴史資料センターの公開情報に「死亡認定理由書」（一九五四年作成）があった。この文書は第一四四警備大隊で生死不明者とされた隊員の「死亡認定理由書」である。その認定理由を次のように上げている。「1　昭和二十年八月十三日より同月十五日に亘る高秫山の戦闘に於て本人わ《ママ》第一四四警備大隊第三中隊に所属して同戦闘に参加したる事実を戦場脱出帰還者である（個人名略）伍長外一六名が現認してゐるので開戦時本人が高秫山陣地に所在してゐたことわ《ママ》確実である」「2　本人についてわ《ママ》昭和二十年八月十五日高秫山戦闘以後に於て入ソ又わ《ママ》中共地域に残留等の生存を裏付けずる《ママ》資料わ《ママ》皆無である」。これを理由として「本人わ《ママ》昭和二十年八月十五日に高秫山麓の戦闘に於て戦死したものと認定する」と判定されている。また先の「第一四四警備大隊の高秫山に於ける戦闘細部状況調書」も戦死認定の証拠として作成されたものだった。

また降伏後に生き残った人たちも「第一四四警備大隊　略歴」によると「入ソ」、すなわちソ連に抑留されたと出ている。一郎さんが戦死したのか、ソ連に抑留されたのかは分からないが、戦後に家族に伝わったのは、行方の分からない「一郎さんを神戸で見かけた」というわさ話や、「一郎さんは朝鮮での戦闘でけがをした」（ということは生きているかもしれない?）という元戦友の情報だったそうだ。だからその可能性がまったくなかったとは言えないと思う。実際には朝鮮北部からシベリアに抑留された兵士は多かったようだ。朝鮮北部に配備され、敗戦後にシベリアに二年間抑留された歩兵第七五連隊の兵士は次のように語る。

最も思い出したくなかったシベリア抑留体験、ラーゲルの明け暮れは、まさに地獄絵さながらで、人は極限の状態におかれたとき「いかに生くべきか」を痛烈に教えてくれたと思っている。〔…〕精神的、肉体的に与えられた苦難に満ちた屈辱的な経験を、帰国後の私たちの人生にどう生かすかが、帰還した者の宿題となったのではないかと思ってきた。（松村晋二郎「北朝鮮敗走二週間とシベリア抑留二年記」http://www.heiwakinen.go.jp/shiryokan/heiwa/07yokuryu/S_07_041_1.pdf）

戦後一〇年が過ぎた時点で多数の数の生死不明者を「戦死」として処理されたものと思われる。関連して五二年八月一日に戦傷病者戦没者遺族等援護法が施行され、それを適用するために生死不明者の戦死認定が進められたのではないかと思う。さらにその翌年には未帰還者留守家族等援護法が制定され、未帰還者とその留守家族の援護、未帰還者の調査を国の責任で行うことになり、五九年の未帰還者に関する特別措置法により、消息不明の未帰還者について戦時死亡宣告の審判等の措置が制度化された。

また、米軍占領時に止まっていた戦死者の靖国神社合祀が再開され、この時期に大量の合祀が進んだことも連動するのではないかと思う。国はこの時期を「合祀推進年間」（五六年四月～五九年三月）とし、都道府県、靖国神社とタイアップして合祀を進めたので、合祀者数は急増した。敗戦直前の四五年四月までの祭神数は累計で約三七万五〇〇〇人だったが、五六年秋には一一万二六〇九人、五七年秋・冬では四七万一〇人、五八年秋・冬で二一万七五三六人を数え、累計の合祀者数は一気に二一〇万九〇〇〇人となった（田中伸尚『靖国の戦後史』岩波新書、二〇〇二年）。

桃木君の父、一郎さんの戦死認定は五七年七月二〇日、靖国神社合祀は五八年一〇月一七日であった。私の父の松岡徳一の合祀は五七年一〇月一七日で、一年違いである。翌年の五八年夏に私は中学三年で靖国神社遺児集団参拝に行っている。一郎さんの合祀の翌年五四年は桃木君は高校一年生で、遺児参拝の対象ではない。彼は遺児参拝があったことさえ知らなかった。

戦後、一郎さんの妻、松枝さんの苦難の人生が始まった。女手ひとつで四人の子ども（女三人、男二人だったが、次女は早く亡くなった）を必死になって育て、親戚の人が持っていた農地を農地改革で手に入れ、農作物を作り、生活の糧とした。私の母が小作をしていた農地を農地改革で入手したのと同じだ。彼と私は田植えや田の水の見回り、稲刈り等の農業の手伝いをした共通体験がある。さらに松枝さんは精米所で働いて家族の収入を得ていた。日々の生活の思案に追われる毎日だったという。それも私の母と同じだ。松枝さんは八四年六月に亡くなった。七九歳だった。桃木君は母・松枝さんへの思いを次のように語る。

「毎年暮れには、おもちつきをよくしてくれました。サツマイモを蒸かしてよく食べさせてくれました。あんころ餅をよく作ってくれました。あの味を忘れません。田植えの時期に水回りの当番で夜によくついていかされました。靖国神社に一緒に行きました。遺族会の役員の時、粗品の配りものを会員宅に配る手伝いをしました。……母親の生涯は苦労の多い人生だったと思います。だから感謝の気持ちで一杯です」

〈資料Ⅰ〉　松岡徳一の兵籍簿（履歴部分）

1　昭和十二年八月二十五日動員下令○同二十八日輜重兵第四連隊ニ入隊○同月兵站自動

車第五十三中隊ニ配属○八月三十日編成完結○九月十七日大阪出帆○九月二十三日塘沽上陸○九月二十八日天津着○自十月一日至十一月二十日北支那ニ於テ太原攻略戦参加○自十一月二十一日至十二月二十三日宋哲元軍掃討戦ニ参加○十二月二十四日ヨリ

昭和十三年三月十日迠河北戡定戦ニ参加○自三月十一日至四月三十日山西河南省ニ於テ占領地粛清戦ニ参加○自五月一日至六月二十二日徐州会戦ニ参加○自六月二十三日至七月三十一日河南省ニ於テ晋北粛清戦ニ参加○自八月一日至十一月三十日武漢攻略戦参加○十二月一日ヨリ

昭和十四年四月十日迠南昌攻略戦参加○自四月十一日至七月十二日襄東会戦参加○自七月十三日至八月二十五日晋東作戦参加○自八月二十六日至十月二十三日潞安周辺掃滅作戦ニ伴イ輸送業務○十月二十四日ヨリ

昭和十五年三月三十日迠第四十一師団配属ニ伴フ輸送業務○同日軍令陸甲第一号ニ依リ自動車第二十七連隊第三中隊ニ転属（定員外トシテ）○自三月三十一日至六月十三日春季晋南作戦及び晋南反撃作戦及郷寧作戦参加○六月十四日山西省洪洞発○六月十八日塘沽着○○同二十一日塘沽出帆○同二十八日宇品上陸○同二十九日輜重兵第四連隊留守隊着○七月二日召集解除

2　昭和十九年一月十五日臨時召集ニ依リ工兵第四連隊補充隊ニ応召○二月二十九日動員

下令〇三月十日動員●●（完結？）〇同月十一日第五野戦補充隊工兵隊ニ転属〇同日中隊附〇同月十四日編成完結〇同月二十二日門司港出帆〇出帆ト同時ニ北支那方面ノ軍戦闘序列ニ入ル〇同月二十四日青島上陸〇同月三十日浦口到着〇四月五日南京出帆〇同月七日湖口通過第十一軍司令官指揮下ニ入ル〇同月九日揚子上陸〇同日二十三日揚子出発〇同月二十四日河南省信陽着〇五月十日支那方面軍（第十一軍）戦闘序列（指揮下）ヲ脱シ支那派遣軍（武漢防衛軍）ノ戦闘序列（指揮下）ニ入ル〇自五月一日至五月十六日京漢作戦参加〇五月十八日河南省信陽発〇同日漢口着〇同月二十二日漢口発〇同月二十三日湖北省蒲圻県●●●（羊要崗？）着〇自五月十七日至七月十二日湖北省湘桂作戦第一期参加〇七月二十四日支那派遣軍戦闘序列ヲ脱シ第三十四軍戦闘序列ニ入ル

　昭和二十年一月二十二日鄂城県梁子島上陸戦闘ニ参加顱頂部左顎部穿透性貫通銃創（脳損傷）ニ依リ戦死ス

（●字：判読不能）

〈資料2〉　桃木一郎さんの兵籍簿（履歴部分）

1　昭和四年十二月十日現役兵トシテ歩兵第七十七連隊江界第二中隊ニ入営〇同日第九中隊ニ假編入〇十二月二十二日朝鮮平安北道江界郡江界着〇同日国境警備勤務ニ服ス

昭和六年五月二十三日平壌帰還ノタメ朝鮮平安北道江界郡江界出発○同日ヨリ国境警備勤務ヲ離ル○五月二十四日平壌歩兵第七十七連隊到着○五月二十五日第十一中隊編入替○八月二十日帰休除隊○十二月一日予備役

2　昭和十二年七月二十八日師団動員下令○八月二日充員召集ノ為メ大阪歩兵第八連隊ニ応召○八月六日整備完結○八月十六日大阪港出発○八月二十日釜山上陸○八月二十四日平壌到着○同日歩兵第七十七連隊補充隊第二中隊編入○八月二十五日動員完結○十二月五日召集解除

3　昭和十六年八月三日特臨編第三号ニ基リ臨時召集ニ依リ整備歩兵第七十七連隊要員トシテ歩兵第八連隊補充隊ニ入隊○八月六日編成完結○八月九日大阪港出発○八月十二日釜山港上陸○八月十三日釜山出発○八月十四日平壌着○八月十七日歩兵第七十七連隊補充隊第四中隊編入

昭和十七年六月十一日昭和十五年陸支機密第二五四号ニ依リ召集解除

4　昭和二十年三月二日臨時召集ニ依リ大阪師管区歩兵第三補充隊ニ応召（以下記述なし）

（追記）「兵籍簿」判読には元茨木市史編纂室の遠藤俊六さんのお世話になりました。

第3章 ホロ島戦の記憶

靖国神社遺児参拝について調べるなかで、私の先輩の父親がホロ島（フィリピン）で亡くなったことが分かった。そこからホロ島戦の悲惨な実態を調べることが始まった。

1 悲惨な戦場ホロ島

二〇一二年末、大学時代の先輩、須藤徹哉さんの奥さんから電話をいただいた。先だって、先輩に送ったホロ島戦記（佐藤裕紀氏のウェブページ「最悪の玉砕戦場――独立混成第五五旅団（菅）戦記」http://www2u.biglobe.ne.jp/~surplus/tokushu30.htm）の中に、先輩の父親の名前が載っていたというのだ。父親の名前は「旅団工兵隊隊長、須藤進吾中尉」(進吾は「信吾」の誤り)とあった。奥さんは、読んでいて気がつき、驚かれたようだった。おかげで、次から次と霧が晴れるように事実が見えてきた。

須藤信吾さんの亡くなられたのはフィリピンのスールー諸島にあるホロ島だった。ホロ島の守備隊は独立混成第五五旅団が中核で、その装備は劣悪だった。ホロ島に米軍が上陸したのは四五年四月九日で、日本軍はホロ市および飛行場から敗走、ツマンタンガス山に後退し、さらに八月にはシロマン山へと敗走を続けた。この敗走を日本軍は「転進」と称した。そして、九月一六日に日本軍は米軍に降伏した。米軍上陸後の戦闘は、武器・弾薬、食料、医療・衛生用品の絶対的不足により、悲惨極まるものだった。藤岡明義『敗残の記――玉砕地ホロ島の記録』(中公文庫、一九九一年)によると、ホロ島では約六〇〇〇人の日本軍のうち生還者は八十数名に過ぎなかったとある。また、防衛庁防衛研修所戦史室『戦史叢書 捷号陸軍作戦(2)――ルソン決戦』(朝雲新聞社、一九七二年)では、「生存者は一三五名にすぎず、すなわち、九六%は戦没していた」とある。これを日本軍は「玉砕」と称したが、その敗走戦は「飢餓と炊飯と雨(注記:雨が降ると火をつけられず炊飯ができない)」に苦しめられた。兵隊を「消耗品」と見る日本軍の体質が多くの将兵の無残な死をもたらしたと言える。

七月二六日に兵団部隊長会議で「転進」の決定がなされる。藤岡前掲書には、「大部隊では行動敏速を欠き、敵に発見され易い為、全兵力を二班に分け、各班コースを異にし、シロマン山の東南麓に落合う手筈が決った。〔…〕第一班は兵団司令部、川西部隊、工兵部隊等から成り、我が谷川部隊は神田部隊と共に第二部隊を編成し、〔…〕シロマン山に到る」とある。また、その時の惨状を次のように記録する。「残留者（負傷者、疾病者）は、我々の出発せぬ前から自決を始め、我々はさながら連続する彼等の自爆音によって、送り出される如き感すらあった。／残留者は、全部で七、八十名もあったであろう」。

　須藤信吾さんは工兵隊長であり、兵団司令部のある第一部隊にいたと思われる。その後、戦死したと想像する。先輩の奥さんが靖国神社に須藤

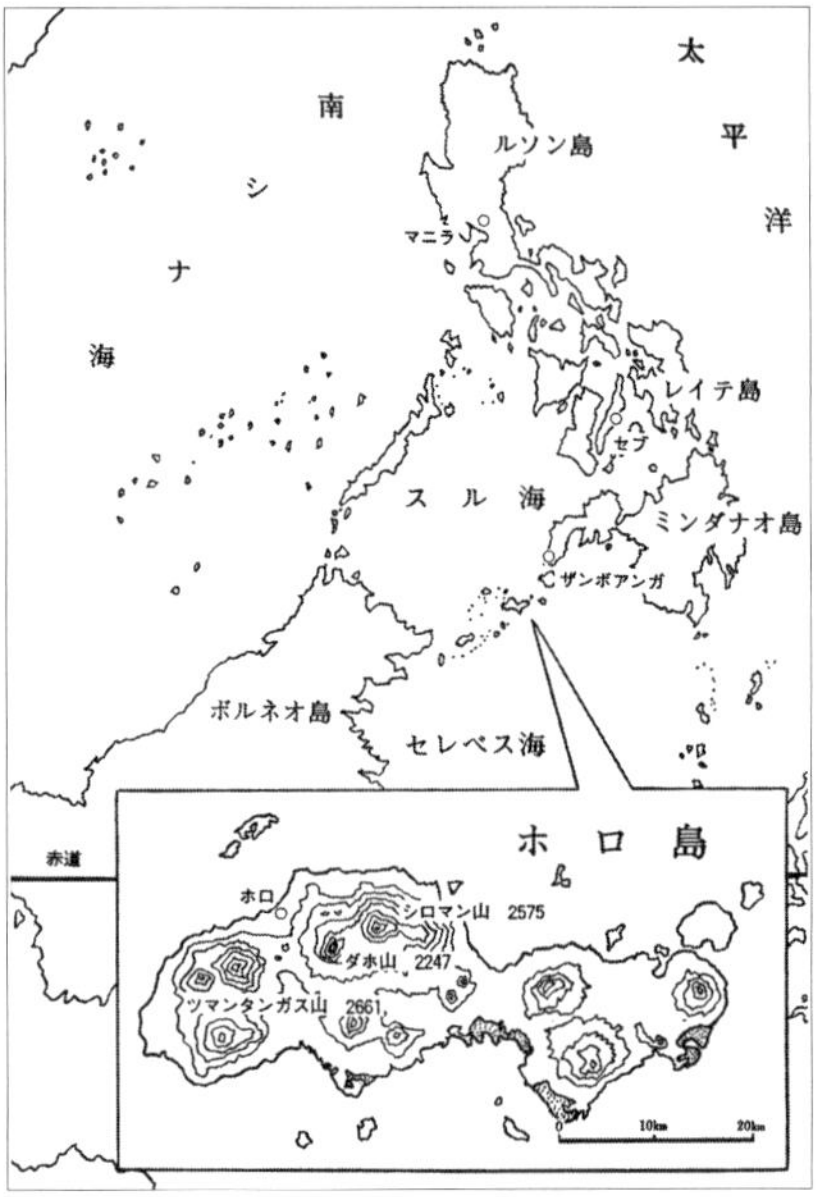

フィリピン・ホロ島（藤岡明義『敗残の記』）

信吾さんの戦没の状況を問い合わされて届いた「回答」には、「階級・陸軍大尉」「所属部隊・独立混成第五十五旅団通信隊」（「工兵隊」の誤り）「死没年月日・昭和二十年八月十二日」「死没場所・比島スール群島ホロ島シロマン山」「合祀年月日・昭和三十二年十月十七日」となっていた。二七歳だった。

奥村達造『ホロ島戦記――独立混成第五十五旅団砲兵隊第二中隊員の手記』（私家本、一九八〇年）には、ホロ島からミンダナオ島の米軍捕虜収容所に送られるときに見た幻影を次のように書いている。「私はこのとき、遠ざかりゆくホロ島の浜辺に、戦友達の姿を見た。痩せさらばえて、ジャングルの中に死んで行った戦友達が、浜辺にひしめきあって声を限りに呼んでいる姿を。『おうい、行ってしまうのかあ、俺達も連れていって呉れえ』と」。

それでは、多くの将兵をホロ島等の太平洋上の島々に置き去りにし、死線をさまよわせる戦闘がなぜ行われたのだろうか。その原因は太平洋戦争末期の四四年七月二六日に作られた日本軍の「捷号《しょうごう》作戦」にある（「捷」とは「勝つ」という意味で、なんという皮肉な名称だろうか）。奥村前掲書によると、「『捷号作戦』とは、絶対国防圏の防衛線を、千島、本土、南西諸島（沖縄方面）、台湾、フィリピンを連ねる線に後退させ、『捷一号』から『四号』までの作戦計画から成り、『一号』が比島戦線に適用されるもので」、「フィリピンの地上決戦はルソン島」とされた。

これによりルソン島以外の太平洋上の日本軍占領地域は防衛戦から除外された。ホロ島もそうだった。まさに太平洋上に散開する多数の将兵は放擲され、棄民とされたのだ。

ホロ島の戦闘でもうひとつ気になることがある。藤岡前掲書のなかでイスラーム系のモロ民族の襲撃が頻繁に出てくるが、著者はモロ民族の特徴を「すべて熱心なる回教徒であるが、其の排他、背信、獰猛、精悍、残忍性」とし、随所の叙述にモロ民族への嫌悪感、憎悪感、襲撃の恐怖が現れている。しかし、よく考えてみると、日本軍の侵略で土地と食料、そして人命を奪われた彼らの怒りと抵抗は当然のことであったと思える。

私の父は中国河北省で戦死したが、このホロ島の日本軍生存者の現地人への視線は、中国戦線での日本軍の八路軍や国民党軍への視線、もしかして父の視線でもあったのではないかと思った。

2　ホロ島戦の関係者を訪ねる旅

二〇一三年六月二九日から三〇日にかけて第二次世界大戦中のホロ島戦（フィリピン）の関係者を岐阜県恵那市と名古屋市に訪ねた。この旅をしたのは、私の先輩の父親須藤信吾さんがホロ島で戦死し、その状況を調べるなかで、関連する書籍（戦記）と出会ったことにあった。

ホロ島戦の生還者・奥村達造さんの戦後

まず最初は、ホロ島戦の生還者の奥村達造さんの息子の正志さん（六三歳、当時）と達造さんの奥さんのちとゑさん（九〇歳、当時）を岐阜県恵那市に訪ねた。

奥村達造さんのアルバムから。フィリピン出発前の下関で（写真中央で眼鏡をかけているのが奥村さん）

奥村達造さんは、四四年六月一六日、臨時召集により名古屋中部八部隊野砲三連隊に入営し、その後、独立混成第五五旅団下の砲兵隊員としてフィリピン・スールー諸島のホロ島に送られた。そして、激しいホロ島戦を生き残り、敗戦を迎え、ミンダナオ島の米軍捕虜収容所に収容された後、四五年一二月二四日に帰国した。戦後は恵那郵便局に復職した。

退職後に前掲の『ホロ島戦記』を自費出版されたが、私はこの本を奈良県立図書情報館で閲覧した。同書はできる限りホロ島戦の文献にあたり、他の部隊の戦場での悲惨な体験も把握しようとした非常に優れた戦記であると感じた。また、亡くなった戦友への思いがこめられていて、多くの戦友の戦死の状況と個別の名前を書き残そうという執念がこもっていた。さらにこの本は、敵であったモロ族のゲリラに対する恐怖感も強く書きこまれているが、スペイン・アメリカ・日本の植民地支配とそれに対する民族抵抗の歴史にも目を向けていて、公平で客観的な叙述であると感心した。このような過酷な体験を経て戦後どのように生きられたのであろうかと関心を持った。年齢的にご健在の可能性は少ないが、奥村さんに連絡を取ってみようと思った。

読了後しばらく間をおいて、本の奥付にある奥村さんの住所に連絡してみた。本の発刊から三十数年たっているから、連絡はつかないだろうと思ったが、幸いにも電話口に息子の正志さんが出た。私は飛び上がるほど喜んだ。達造さんは、一五年前に亡くなられていた。正志さんに会い、達造さんのお話を聞いた。正志さんには妹が二人いて、自分の子どもと甥や姪にこの本を「強制的に読ませる」と言った。なぜなら、「おじいさんがホロ島で死んでいたら、お前たちはこの世に生まれてこなかっただろう」との考えからだった。この言葉に私は大変感銘を受けた。

母親のちとゑさんは九〇歳にもかかわらず大変お元気だった。達造さんとは郵便局時代の同僚で、職場結婚だった。四七年、おふたりが二四歳の時だった。達造さんは郵便局勤務の最初は庶務会計課勤務で比較的ゆとりのある仕事だった。その後正志さんが生まれ大きくなると、達造さんは正志さんを日曜日になると近くの阿木川とその支流の濁川に魚釣りに連れていき、シラハエ（オイカワの地方名）釣りを教えた。妹を身ごもったちとゑさんがお弁当を持って釣り場に来て、家族団欒のひとときを過ごしたとのことだった。正志さんは、「あの頃が親父にとっては穏やかな日々だったのでしょう。戦場での凄まじい体験が癒やされたときだったと思います」と話す。

その後、六七年になって、達造さんは郵政マル生管理者訓練を受ける。その訓練は郵政大学校専門訓練で、当局側の郵政労働者合理化攻撃の前面に立たせるための研修だった。そして、労務管理担当者として全逓労働者の抵抗闘争と激突し、組合側が裁判に訴え、裁判の当事者にまでなり、日夜その対応に忙殺された。その労使対立が先鋭な時期は六七〜七〇年頃だった。達造さんにとって戦後もひとつの「戦場」だったと推測される。そして、七七年六月に管理者職を辞め、七八年三月に退職された。退職後、『ホロ島戦記』の執筆を開始し、熱心に資料等の収集、生存者への連絡、聞き取りを行った。本が完成した後、さまざまなところに寄贈したり、また読まれた方からの手紙に返事を書いたりと生き生きと活動していたとのことだ。

「その時期が父にとって一番充実していた時期だったと思います」と正志さんは言う。その後、六三歳の時に脳梗塞を発症し、闘病生活が始まる。さらに二度目の脳梗塞の発症、壊疽で三度足を切断するという大変苦しくて、厳しい闘病を続け、九八年六月一五日に亡くなった。七五歳だった。亡くなる前に達造さんは「戦記はもう残部が少なくなったので、お金を出すから再刊してほしい」と正志さんに頼み、本が生前に再刊された。その本を達造さんの兄の彌太郎さんが奈良県立図書情報館に寄贈したものを私が閲覧したことになる。奥付の所に「（寄）奥村彌太郎」と書き入れがあった。達造さんの妹の短歌に「みんなみの島に果てにし戦友《とも》に捧ぐ戦記遺して兄は逝きたり」とあった。なお奥村彌太郎さんはレイテ島～マスパテ島戦の生存者（帰還者）だった。

ホロ島で兄を亡くした伊藤美代さん

翌日、岐阜県からの帰りに名古屋市までまわり、ホロ島で亡くなった金子克巳さん（享年二三）の妹の伊藤美代さん（八三歳、当時）とお会いした。伊藤さんは亡くなった兄への回想集『金子克巳と昭和の時代』を自費出版していた。私はその本をインターネットで入手し、その本の奥付に書かれていた住所に連絡し、二〇一二年末から文通をしていた。

金子克巳さんは、四五年四月五日にホロ島テンバンガン三叉路付近でアメリカ軍の爆撃で亡くなった。日本軍がシロマン山へ敗走する前だった。『金子克巳と昭和の時代』は、兄の生育史、戦死されるまでをたどる章、伊藤さんがなぜ回想記を書こうと思うにいたったか、兄の戦死の状況を調べ歩く過程をまとめた章、同窓の方の座談会・回想記の章から構成されており、亡くなった兄への美代さんの思いと、息子を亡くした母親の悲しみを美代さんがまとめたものだった。本の後半で、兄への思いを短歌にしているので、そのうちいくつかをあげる。

ホロ島の土となりたる兄連れたしちちはは眠るこのふるさとへ
ただ一枚残りし戦死の兄の写真柩に入れて母旅立ちぬ
フィリピンに戦死したる兄思い戦記むさぼる初老の我は

本の感想をお送りした後、伊藤さんからお手紙と「回想記が縁　慰霊の旅」という新聞記事とともに『金子克巳と昭和の時代その後』を送っていただいた。それにによると、前著の出版を機にホロ島からの生還者と巡り会うことができ、八九年にホロ島に渡航でき、現地で遺族の方々と慰霊祭を催すことができたとのことだった。この本ではその経過が丁寧にまとめられていた。私が特に感動したのは、伊藤さんが戦死した兄に出した手紙「拝啓、金子克巳様　返事の来ない手紙」だった（それは建立されたお地蔵さんの台座に納められた）。そのなかで戦死した兄に金子家の戦後の「生」を報告しているが、戦後をともに生きることができなかったご家族の悲しみと無念さが、その背後から聞こえてくるように感じた。またその後の伊藤さんからの手紙には、「私は靖国神社に兄が祀られているとは全く思いません。ですから、東京へ行っても靖国神社に参詣しようという気持ちは全く起こりません」とあった。

伊藤さんは小学校教員をされ、五四歳で退職した。お会いした日は教会の礼拝の帰りとのことで、今もいろいろな社会活動をしていて、大変お元気だった。時間がたつとともに兄のことを忘れるが、「母のことを思い出すとともに兄のことを思い出します」という。その言葉が印象的だった。今回の旅は有意義な出会いができ、大変充実した時間が持てた。

ホロ島戦記の著者の残した資料(1)

『敗残の記――玉砕地ホロ島の記録』を書いた藤岡明義さんの御子息、藤岡誠さんが、私のホームページを見て連絡してきた。私は、ホームページに次のように書いていた。

藤岡明義『敗残の記――玉砕地ホロ島の記録』（創林社、中公文庫）を読んだ。〔…〕今、私は先輩のお父さんの戦没地を調べている。太平洋戦中の激戦地、フィリピンのホロ島がその地である。著者はホロ島の生還者で、ホロ島では六〇三〇人が亡くなり、生還者は八〇人に過ぎなかった。その敗走戦は、「飢餓と炊飯と雨」に苦しめられた悲惨極まるものであった。それは兵隊を消耗品と見る日本軍の体質が多くの将兵の無残な死をもたらしたことでもあった。さらに驚いたことは、「投降」自体が容易でないことだ。日本軍が投降を禁じていたこととジャングルの中を投降指定地までたどり着くことが非常に困難なことだ。著者の非常に冷静で理知的な態度がこの困難を乗り越えることを可能としたことが読み進めるうちによく分かった。〔…〕

以前、藤岡明義さんの『敗残の記』を読んだ折に、その奥付にあった住所に手紙を書いたが、「宛先不明」で帰ってきた。年齢的にも多分亡くなったのだろうと諦めた。誠さんは「父は平成一七年（二〇〇五年）に他界しましたが、死ぬ直前まで東京の『不戦兵士の会』のメンバーとして戦争の悲惨やばかげていることを『語り部』として全国を

藤岡明義さんのアルバムから。この12人のうち藤岡さんのみ生還、他は「全員帰らず」とあった（1944年６月。最後列左端が藤岡さん）

歩いていました」といい、読んでほしいと、藤岡明義さんの残されたホロ島戦関係の資料（実にダンボール箱一個分！）を宅急便で送ってくれた。

感激したことは、その資料のなかに藤岡明義さんが米軍捕虜収容所から持ち帰った四冊の手記「敗残の記」（綴じられて冊子になっていた）があったことだ。著書の『敗残の記』によると、収容所の仲間に画いてもらった「収容所風景」の絵と交換して、手記はアメリカ兵の荷物点検、没収を逃れ、持ち帰ることができた。「助かった。助かった。『敗残の記』が助かったのだ。山口君の絵が身代わりになってくれたのだ」とある（「文庫版のための追って書き」）。その現物がまさかダンボール箱の資料のなかにあるとは思いもしなかった。

さらにその中には藤岡明義『合冊　初陣の記（日中戦争）・敗残の記（玉砕地ホロ島の記録）』（朝日新聞出版サービス、二〇〇一年）があった。『合冊』は二冊いただいたので、同じホロ島戦の生還者で『ホロ島戦記――独立混成第五十五旅団砲兵隊第二中隊員の手記』の著者奥村達造さんの息子の正志さんにお送りした。逆に、奥村正志さんには『ホロ島戦記』を藤岡誠さんに送ってもらった。奇しくもホロ島戦生還者の息子同士がつながったわけだ。

戦記にみる生き様

藤岡明義さんは二度召集され、一度目は日中戦争（長沙作戦）、二度目はホロ島戦だった。『初陣の記（日中戦争）』を読んで、特に感銘を受けたのは、入隊して一ヶ月後に幹部候補生志願の募集があり、藤岡さんはたった一人それを拒否したことだった。その箇所を以下に引用する。

我が中隊では初年兵約百名中、中学卒が四名、高専卒が一名、大学卒が一名（それは私である）計六名が有資格者である。私を除く五名が直ちに応募したのは言うまでもない。しかし私は応募しなかった。

日本兵の九割以上が持っていない得典を、単に学校を出ているからという理由だけで、特別に甘受することは私の良心が許さない。その上、この戦争は東洋平和のための聖戦なりという軍や政府の宣伝には納得できないものがある、明らかにこれは侵略戦争ではないか、そして、将校ともなれば必ず部下を持たされる。自分が納得できない戦争で、部下に死を命ずることは到底私には耐えられない。階級社会の軍隊では人の羨む道ではあるが、その道をとることを、いさぎよしとしなかったのである。

この選択の後、凄惨なリンチに見舞われるところを上官の援護によって窮地を脱する。また、中国戦線から激戦地フィリピンのバターン、コレヒドールへの転属の際、入院中の胸部疾患専門の陸軍病院がレントゲンを撮らなかったというミスを犯し、そのおかげで転属を逃れる。しかし、二年後、玉砕地のホロ島戦へと二度目の召集になった。「初陣の記」から「敗残の記」へと歩んだ一兵士の誠実で剛直な生き様が心に焼きついた。

送られてきた貴重な資料

送られてきた資料類のなかにガリ版刷り『敗残の記』（一九五二年）があった。これは手記「敗残の記」を基に作り、ホロ島戦生還者に送ったもので、この後、単行本・文庫本の『敗残の記』となり、「初陣の記」を加えて『合冊』となった。その後、藤岡明義さんは二〇〇五年一月一六日に亡くなった。八九歳だった。

残された資料を見ると、戦後もそう経っていない時期に、よくこれだけのものを集めたものだと感嘆した。以下、そのリストである。

- 池田諒「軍需部の人々」（二分冊）
- 西島芳之助「独立混成第五十五旅団砲兵隊第一中隊　ホロ島玉砕記」
- 「独立混成第五五旅団（菅兵団）砲兵隊第二中隊行動概要」（同戦友会の発行で、編集者が奥村達造とあり、前記『ホロ島戦記』の著者である）
- 独立歩兵第三六五大隊「ホロ島——菅兵団　比島の足跡」
- 伊奈一夫「昭和十八年以降　掌信号兵の記録——スール・サンボアンガ編」
- 「ホロ島をめぐる斗い　米軍ホロ戦記」の綴り

・モロ族に関して「モロ」「ホロとモロ族」
・フィリピン、ホロ島の地図類の一束
・ホロ島慰霊の旅・生還者の集い等のアルバム
・『敗残の記』出版経緯・書評・随想
・ホロ島関係来信書・資料
（来信のなかで前出「軍需部の人々」の池田諒氏との頻繁なやりとりがある）

藤岡明義さんと連絡を取ろうとして果たせなかったことが、このようにして息子の誠さんからの連絡で実現できた。その後、誠さんには実際にお会いすることができたうえに、父親の残した貴重な資料が追加で送られてきた。

藤岡誠さんとの出会い

二〇一六年の四月二三〜二四日に埼玉大学で開かれた戦争社会学研究会に参加し、「一九五〇年代の靖国神社遺児参拝」（京都市の場合）について個人報告をした。帰途、東京でホロ島戦の生還者藤岡明義さんの息子の誠さんとお会いすることができた。一年半前から連絡をいただき、一度会おうということになっていたが、今回やっと実現できた。（写真でしか知らないが）父親と容姿がよく似ていて、すぐ誠さんと分かった。彼と私は同世代だった。

誠さんの父親の思い出話で印象に残ったことは、彼が小学生の頃、父親に、アメリカ軍とホロ島原住民モロ族との争闘を描いたゲイリー・クーパー主演の「暁の討伐隊」（ヘンリー・ハザウェイ監督、一九三九年製作、一九五一年日本公開）を見に連れていかれていたことだ。もちろん映画はアメリカの植民地主義的視線で作られているのだが（アメリカ版のユーチューブでは「西部劇」に分類されているのには驚いた）、ホロ島戦からの帰還者である藤岡明義さんが息子に何を伝えたかったか、いろいろと想像させられた。

またもうひとつは、「中学時代、父と感情的に疎遠となり、父が生きている間に戦争体験を聞けていないのが悔やまれます」と誠さんが話していたことが心に残った。父親は退職後「不戦兵士の会」で語り部とし活躍した。今でも会からカンパ要請があり、「年に二度ほどカンパしています」と誠さんは話す。このように誠さんとの楽しいひとときを持つことができた。

「『敗残の記』余録」「随想」

その後送られてきた資料に、藤岡明義さんが『敗残の記』出版後にまとめられた「『敗残の記』余録」と「随想」があった。ワープロ打ちで、製本も手作りで、執念と心のこもった冊子だった。誠さんからは「父が他界し、十数年経ってまた書物〔「反天皇制市民1700」誌第三七号〕で紹介されるとは感無量です。ありがとうございました。再度父親に関係する書棚を整理していましたら、二部ある書籍等がありましたので送付させていただきます」とあった。

藤岡さんの『敗残の記』はその記述が極めて具体的で、正確さを感じさせられるものだが、「日記は書いておりません。一兵卒に日記を書く時間的・精神的・物質的及び身分的余裕はありません。このメモを書いたのは米軍の収容所の中であります。紙は収容所の事務室にあったものです」「応召入隊から任地〔ホロ島〕に至るまでの経過を、専ら記憶により、日を追って回想、日記形式で記録したものです。〔…〕ホロ島到着後は、日時が混乱してしまって、日記形式は不能となりました」とある。それにしてもすごい記憶力であり、死者に対する強いこだわりがないと書けない「戦記」であると思った。「余録」「随想」を読んで、特に印象に残った文章に次のものがあった。

軍隊で日常茶飯事のビンタを藤岡さんはされなかったが、「私が殴ったことが一度ありました」。歩哨の交代時にまだ眠っていて起きなかった一等兵への（隊の生死に関わるための）その一度のビンタの話だ。また、藤岡さんの中隊に「手相」をよく見る奥村という初年兵がいて、苛酷な戦争中の手相見と「死相」の話が続く。手相見は「少なくともこの中では、あなたが一番（命が）短いですね」と言ったが、「それから一年も経たないうちに、私を除く全員が死んでしまった。奥村が一番先だった」（以上、「余録」）。

もうひとつは昭和初期のある日、読書会で友人A、B君の「第一次世界大戦」についての議論がなされた。「この空しい経験に懲りて人類は、二度とあのような喜劇を繰返すことはあるまい」（A）、「喜劇！　何ということを言うか、最大の悲劇だよ。しかし君の考えは甘い、人類は又やる、世界大戦は必ず再び起きるよ」（B）と。「それからいくばくも無くして、第二次世界大戦は勃発した。〔…〕A君もB君もその戦争で死んだ」。これを含む短い四本の「随想」は、藤岡さんの「歴史は繰り返す」という危機感にあふれている。藤岡さんがもし生きていたら集団的自衛権の容認、安保法制による軍事化・自衛隊の海外派兵へと動く日本の現在をどう見るだろうかと思った。

先に紹介した藤岡さんの残されたホロ島関係の資料は早稲田大学大学院アジア太平洋研究科（フィリピン研究）の早瀬晋三研究室へ寄贈したとのことだ。よい引き受け先が見つかってよかったと思う。また、藤岡誠さんから送られてきたものに伊奈一夫『ホロ島・モロ義勇隊——一信号兵の苦心創設譚』（これも藤岡さんの手作りのも）があった。

「『敗残の記』経緯・書評・随想（副）」

このほか、藤岡明義さんが集め、整理した「『敗残の記』経緯・書評・随想（副）」があった。これも藤岡誠さんから送ってもらったものだ。ファイル状のもので、先に誠さんにお返しした資料のなかに「『敗残の記』経緯・書評・随想」があったので、両方で（正）（副）二冊だったのだろう。もうひとつは、書評、感想の手紙のコピー、あるいは感想の手紙をひとつひとつ藤岡さんが書き写して一冊の本にしたものだった。藤岡さんがペンで丁寧に書き写した手紙類を読み、藤岡さんの『敗残の記』にこめられた思いが迫ってきた。余人にはできないことだと思った。そのなかには大岡昇平氏の『敗残の記』推薦の自筆原稿コピー、『敗残の記』に触発された読者が自らの戦争体験を綴った手紙類が藤岡さんの手で書き写したものがあった。「従軍慰安婦問題」で私が講演を聞いたことのある吉見義明氏の感想もあった。『敗残の記』が出た当時に吉見氏が藤岡さんに連絡を取っていたことを知り、新鮮な感動を覚えた。「『敗残の記』経緯・書評・随想（副）」にはホロ島で兄を亡くした名古屋の伊藤美代さんがホロ島戦没者慰霊の旅に出た記事、京都でのホロ島戦没者供養の会に藤岡さんが招かれた記事（この時に藤岡さんとの交流が始まったと伊籐さんから聞いた）、藤岡さんが「不戦兵士の会」の語り部として活動した記事が丁寧に整理されていた。藤岡さんの戦後はどのようなものであったのか、不戦兵士の会でどのような活動をしていたのかを知りたいと思った。

「（藤岡）明義語り部」

「（藤岡）明義語り部」（ファイル）を読んだ。藤岡さんは二〇〇五年に八九歳で亡くなるまで、不戦兵士の会に所属し、ご自身の戦争体験を各地で語り続けてきた。毎回きっちりとワープロ打ちをした原稿が分厚い一冊のファイルに残されていて、読みながら感嘆した。その語りは現在の問題と直結していて、きわめてアクチュアルな問題意識を持ったものだった。いくつか気がついた点を書いておく。

(1)「『あの戦争、あの戦争』と人はよく言うが、一体その人はどの戦争のことを言っているのかということです。そしてそれが大多数はアメリカとの戦争を言っているのです。アメリカと戦って酷い目にあったことを言っているのです。〔…〕あれは一五年間続いた中国に対する侵略戦争で、一般に一五年戦争と言われている戦争であります。アメリカやイギリスがその戦争に加わったのは、一五年のうちの最後の三、四年に過ぎないのです」と藤岡さんはこの戦争を中国に対する侵略戦争（一五年戦争）と位置づけ、日本の加害者性と向き合って語っている。それは中国戦線とフィリピン戦線との二度の戦争体験から見えたものだろう。

(2)　従軍慰安婦問題についても吉見明義氏への手紙で次のように明確に書く。「強制連行に関する軍の公文書などは出て来ないと思います。少なくとも軍はそんなものは出さないと思います。それは当時の軍の常習を知っている者は直ぐに理解できることですから」。この視点は「従軍慰安婦はなかった」とする最近の右派の攻撃にも通用すると思う。

(3)　藤岡さんの語りの射程が長く、現代的であることに感銘を受けた。残された語りの原稿を見ると住基ネット再接続に対する中野区への意見書、自衛隊のイラク派兵批判、自由主義史観批判等が展開されている。また藤岡さんは英語が堪能で（ホロ島での米軍への投降の際、英語が命を助けたことが出ている）長文の英文原稿が残されている。いったい何歳まで戦争体験を語っていたのかを確認したが、実に亡くなる前年の八八歳の時の国立歴史民族館での「戦争最前線、体験者に聞く」が最後だった。

このファイルを読み、藤岡さんの志に強い刺激を受けた。私も父の戦死に関わっての戦争体験にこだわってきたが、藤岡さんの残した資料に強く感銘を受けた。貴重な資料を提供していただいた藤岡誠さんに感謝している。

これでホロ島戦関係者との出会いは三人になった。奥村達造さんの息子の正志さん、兄をホロ島で亡くした伊籐美代さん、そして藤岡誠さんである。私の「戦争の記憶」を辿る旅を続けていこうと、さらに強く思った。

あとがき

戦争遺児の集団参拝と靖国強制合祀についての本書が完結した。今後の課題についてまとめる。戦後の靖国神社集団参拝は戦前の集団参拝をひながたにして行われた。今回その関係を明らかにできたのはその一部分である。今後、収集した戦後の「靖国文集」と国会図書館等に収蔵されている戦前の「靖国文集」とを読み比べ、その継承関係（連続性）を調べていこうと思う。また遺児参拝に関する戦前の行政文書と戦後の行政文書を比較し、その連続性を調べたい。戦前の行政文書についてはまだ調べていないが、戦後の行政文書は大阪府と広島県しか見つかっていない。継続して調査したい。戦前と戦後の継続関係は組織的、人的にも続いていたと思われる。今回明らかにできたのは、戦前・戦後の遺族援護機構の継続関係、地方組織での連続性（連隊区司令部から民生部世話課への移行）だった。

今後はさらに地方の遺族会結成時での戦前の人脈との関係（軍人援護会、軍隊等）について調べたい。さらに個別的課題であるが、戦後の沖縄で遺児参拝があったのかどうかも調査したい。そのためには沖縄県の公文書館を訪ねたい。

私が本書を書き上げるなかでいつも考えていたのは、記憶の再生と継承だった。記憶は曖昧であり、忘却しがちだ。当時の記録文書は探しても容易に見つからなかった。意識的に自らの記憶を甦らせなければならないし、何度も試行錯誤を繰り返し、当時の歴史事実を掘り起こしていく以外に方法はない。その記憶の再生過程で明らかになった事実を次世代に継承していかなければならない。記憶の再生と継承が必要だと思う。

また、遺児参拝を調べるなかでいつも葛藤を感じてきたことがある。私は一九四四年生まれで、父親を戦争で亡くした世代である。その生育史はほぼ戦後と重なる。父親の戦死と、再婚をせずに私を育ててくれた母親の苦労とを身にしみて感じて育った。母を通じて伝えられた戦争の記憶は私の人生と切り離せないものだった。ただそこからくる発想には「被害者」としての意識が強くあり、長じて日本のアジア侵略、戦争責任等「加害者」認識を持つようになったが、果たしてどこまで被害者としての意識を抜け出ていたか。多分私の文章の弱さ、甘さはそこから来ているのではないかと思う。私にとって「靖国を問う」とは、被害と加害の関係の意識化、対象化であると思う。それが私の課題である。

最近ますます戦争の危機を感じるニュースが増えてきているが、私の世代が味わった父親を戦争でなくした苦しみを次世代の私の子どもや孫に再来させないように声を上げていくことが大切と強く感じている。

本書を書くきっかけは、二〇〇〇年当時の学校への「日の丸・君が代」導入反対運動の過程で田中伸尚さんと出会ったことにある。その出会いの後、私がやっていた休憩時間の裁判に関して、田中さんからの取材があり、その際、私の生育史、父の戦死と戦後の体験について、聞き取りを受けた（田中伸尚『不服従の肖像』樹花舎、二〇〇六年）。それが私の戦争体験から発する行動のもとになった。靖国訴訟に参加したのも田中さんに背中を押してもらったからだった。靖国問題の運動も田中さんとご一緒してきた。遺児参拝の調査についても折にふれ、相談にのってもらってきた。

本書のもとになったのは『反天皇制市民１７００』誌に断続的に行ってきた連載で、同誌編集部の徐翠珍さんにいつも丁寧に編集していただいた。また今回の出版で『１７００誌』掲載のデータ、図版・画像等も提供いただいた。

本書の出版で航思社を紹介していただいた杉村昌昭さんには大変お世話になった。杉村さんの仲介がなければ、私の本は日の目を見なかっただろう。

『反天皇制市民１７００』誌の文章を再構成し、『季刊戦争責任研究』誌76号、88号に掲載できたのは、教科書問題で一緒に活動してきた上杉聰さんの紹介である。

以上、名前を上げたみなさんに感謝する。

遺児参拝の資料の収集はひとりではできない。名前は上げないが、各地の友人、知人に「靖国文集」等の資料の収集でお世話になった。また各地の図書館、公文書館の職員の方にもお世話になった。あわせて感謝する。

また、本書は私にとって初めての単著である。航思社の大村智さんには、出版を引き受けていただき、また詳細で厳密な仕事を感謝する。

松　岡　勲
（まつおか・いさお）

1944年生まれ。大阪府高槻市で小学校教員、中学校教員（社会科担当）。定年退職後、立命館大学、関西大学で非常勤講師（教職課程担当）を務め、退職。靖国合祀取消訴訟、安倍首相靖国参拝違憲訴訟の原告団に加わる。

論考に「1950年代の靖国神社遺児参拝の実像を探る」（『季刊戦争責任研究』第76号）、「京都市、宇治市・舞鶴市の靖国神社遺児参拝」（『季刊戦争責任研究』第88号」）など。

靖国《やすくに》を問《と》う
遺児集団参拝と強制合祀

著　者	松岡　勲
発行者	大村　智
発行所	株式会社 航思社 〒113-0033 東京都文京区本郷1-25-28-201 TEL. 03 (6801) 6383 ／ FAX. 03 (3818) 1905 http://www.koshisha.co.jp 振替口座　00100-9-504724
装　丁	前田晃伸
印刷・製本	倉敷印刷株式会社

2019年 9 月30日　初版第 1 刷発行

ISBN978-4-906738-40-3　C0030
（定価はカバーに表示してあります）

天皇制と闘うとはどういうことか
菅 孝行　四六判 上製 346頁　本体3200円
真の民主主義のために　沖縄、改憲、安保法制……70年代半ばから天皇制論を発表してきた著者が、代替わりを前に、敗戦後の占領政策問題、安倍政権批判に至るまでの反天皇制論を総括、民衆主権の真の民主主義に向けた新たな戦線のための拠点を構築する。

天皇制の隠語《ジャーゴン》
絓 秀実　四六判 上製 474頁　本体3500円
反資本主義へ！　市民社会論、新しい社会運動、文学、映画……様々な「運動」は、なぜ資本主義に屈してしまうのか。日本資本主義論争からひもとき、小林秀雄から柄谷行人までの文芸批評に伏在する「天皇制」をめぐる問題を剔出する表題作のほか、23編の論考を収録。

夢と爆弾　**サバルタンの表現と闘争**
友常 勉　四六判 上製 400頁　本体3800円
反日・反国家・反資本主義　東アジア反日武装戦線、寄せ場労働者、被差別部落、アイヌ民族、水俣の患者たち……近現代日本が抱える宿痾に対していかに闘い、何を獲得・奪還したのか。当事者による様々な表現・言説の分析と革命の（不）可能性をめぐる考察。

敗北と憶想　**戦後日本と〈瑕疵存在の史的唯物論〉**
長原 豊　四六判 上製 424頁　本体4200円
日本のモダニティを剔抉する　吉本隆明、小林秀雄、花田清輝、埴谷雄高、丸山眞男、萩原朔太郎、谷川雁、黒田喜夫……近代日本における主体と歴史、そして資本主義のありようを踏査し、〈瑕疵存在の史的唯物論〉を未来に向けて構築する。

反東京オリンピック宣言
小笠原博毅・山本敦久 編著　A5判 並製 272頁　本体2200円
開催を返上・中止せよ！　裏金不正疑惑、安倍「アンダーコントロール」虚偽発言、膨れあがる開催費用、野宿者排除、競技場問題……2020東京オリンピック開催に対し、スポーツ、科学、思想などの研究者・活動家ら16人による根源的な異議申し立て。

風景の死滅　**増補新版（革命のアルケオロジー２）**
松田政男　四六判 上製 344頁　本体3200円
風景＝国家を撃て！　遍在する権力装置としての〈風景〉にいかに抗うか。21世紀の革命／蜂起論を予見した風景論が甦る ―― 死滅せざる国家／資本との終わりなき闘いのために。

戦略とスタイル　**増補改訂新版（革命のアルケオロジー４）**
津村 喬　四六判 上製 360頁　本体3400円
日常＝政治＝闘争へ！　反資本主義、反差別、核／原子力、都市的権力／民衆闘争……〈いま〉を規定する「68年」の思想的到達点。「日本の68年最大のイデオローグ」の代表作。